DELIUS KLASING

Walter Stein

Das kleine Sternenbuch

Für Sternenfreunde Segler und Seeleute

Delius Klasing Verlag

Von Walter Stein sind im Delius Klasing Verlag darüber hinaus folgende Titel lieferbar:

Wetterkunde (Stein/Schultz)
Astronomische Navigation (Stein/Kumm)
Navigation leicht gemacht (Stein/Kumm)

Bibliografische Information Der Deutschen Bibliothek

Die Deutsche Bibliothek verzeichnet diese Publikation in der Deutschen Nationalbibliografie; detaillierte bibliografische Daten sind im Internet über »http://dnb.ddb.de« abrufbar.

12., aktualisierte Auflage
ISBN 3-87412-114-3

Überarbeitung: Dipl.-Phys. Bernd Koch
Titelfoto: Sternhaufen Plejaden (Foto: Bernd Koch)
Umschlaggestaltung: Ekkehard Schonart
Zeichnungen: John Bassiner
Druck: Ludwig Auer GmbH, Donauwörth
Printed in Germany 2004

Delius Klasing Verlag, Siekerwall 21, D-33602 Bielefeld
Tel. 0521/559-0, Fax 0521/559-115
E-Mail: info@delius-klasing.de
www.delius-klasing.de

Inhalt

Vorwort

Dieses Buch ist geschrieben für alle Sternfreunde, die es nicht bei der bewundernden Betrachtung des Sternhimmels belassen, sondern sich Kenntnisse von der Sternkunde aneignen wollen. Es ist besonders gewidmet den Seeleuten und Seglern, die in langen Nachtstunden auf einsamer Fahrt die Sterne lieben lernten und mehr von ihnen zu wissen wünschen.
Beginnend mit zwanglosen, oft scheinbar ungeordneten Beobachtungsfolgen wird die Darstellung immer geordneter und zusammenfassender – wie es der Verfasser im Sternkunde-Unterricht und an Bord erprobte und praktizierte.
Wenn das Thema in dem gesteckten Rahmen auch nicht vollständig behandelt werden kann, so werden doch auch der Sternfreund, der schon die Grundtatsachen kennt, und der Schiffsoffizier, der die Fortschritte der Astronomie an Bord nicht verfolgen konnte, wertvolle Kenntnisse aus diesem Buch schöpfen können. Es wurde daher auch Wert darauf gelegt, Aufnahmen zu bringen, die die modernen Fernrohre und Raumsonden von den fernen Welten zu machen erlauben, in die dieses Buch führt.

Walter Stein †

Abb. 1 Sternhimmel und Projektionsapparat eines Planetariums

Allerlei Beobachtungen

Erster Anfang

Es ist sternklare Nacht ohne Mondschein. Wie eine riesige Kuppel wölbt der Himmel sich über uns. Auf dieser Kuppel stehen, wie es uns scheint, tausende von funkelnden Lichtpunkten, die Sterne. Hier scheinen sie sich zu Linienzügen, Figuren zu ordnen, dort stehen sie ordnungslos nebeneinander, sodass unser Plan hoffnungslos erscheint, bestimmte Sterne am nächsten Abend wieder auszumachen.
Ich will aufzeigen, wie das doch gelingen kann. Nur wenn wir uns erst einmal einige wenige Sterne vornehmen, wird es uns gelingen, sie anderntags wiederzufinden.
Aber wo sollen wir anfangen?
Ohne Buchstaben kein Wort, ohne Wort keine Sprache, ohne Fachausdrücke keine Verständigung im Beruf – ohne Fachausdrücke auch für uns keine Verständigung in der Sternenkunde.
Wir nennen die Grenze zwischen Himmel und Meer **Kimm**. An Land sprechen wir von **Horizont**. Die Kimm ist für uns ein Kreis. Darauf scheint sich die Himmelskugel aufzubauen. Der höchste Punkt dieser Kuppel, der Punkt senkrecht über uns, heißt **Scheitel** oder **Zenit** – ein arabisches Wort.
Wir laufen Kurs Süd. Wer gibt dem Schiff diese Richtung Süd? Der Kompass. Wer weist uns aber in der Dunkelheit die Richtung? Denn wir wollen doch hier im Dunkeln stehenbleiben, jede Helle blendet uns, und nur langsam stellt sich das Auge wieder auf die geringen Helligkeiten der Sterne ein, wenn wir zwischendurch einen Blick auf den schwach beleuchteten Kompass werfen. Wenn unsere Augen sich der Dunkelheit »angepasst« haben, sehen wir die Sterne heller, und vor allem: Wir sehen mehr Sterne.
Nun, die Sterne selbst zeigen uns die Richtungen. Blicken wir einmal nach achtern. Etwa zwei Faustbreiten über der Kimm sehen wir den **Himmelswagen** oder, wie er auch heißt, den **Großen Bären**. Er soll unser Ausgangspunkt sein. Abb. 2 zeigt die Anordnung der Sterne dieses Himmelsbildes. Die Sterne 1 bis 4 bilden den Kasten des Wagens, 5 bis 7 die Deichsel. Aber ein

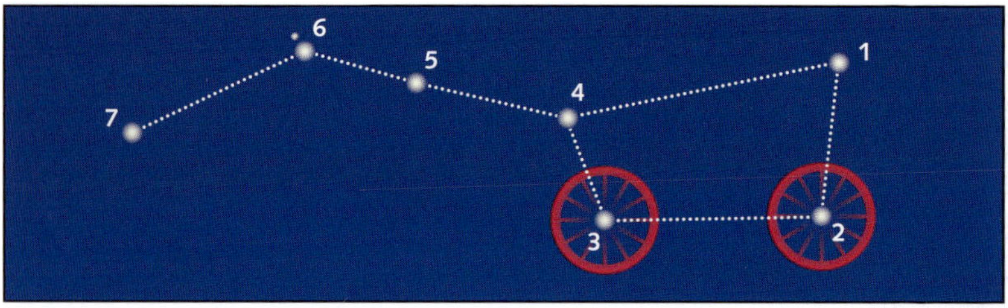

Abb. 2 Der Himmelswagen

Großer Bär? Man muss weitere Sterne in der Nähe hinzunehmen: Die vier Wagensterne bilden den Leib, die Deichselsterne den Schwanz des Bären. Die Deutung als Wagen ist anschaulicher; wir geben also den Versuch auf, einen Bären an den Himmel zu versetzen, wie es die Sage tut, die die rätselhaften Sterne auf diese Weise dem Menschen näher bringen wollte.

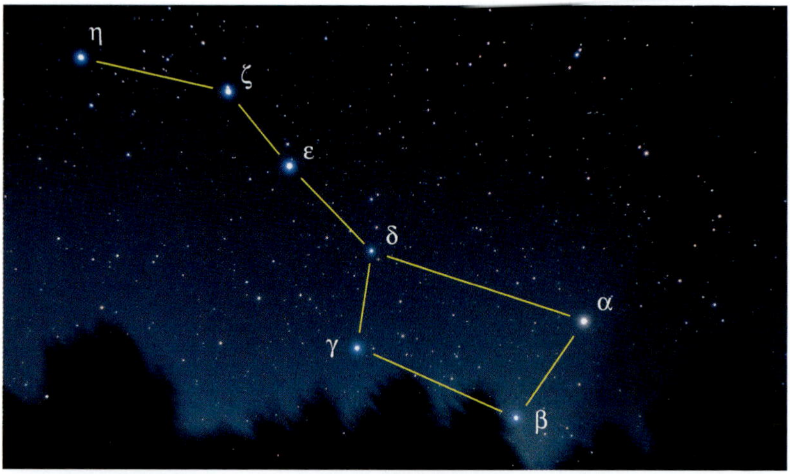

Abb. 3 Der Himmelswagen im Bild (Foto: Bernd Koch)

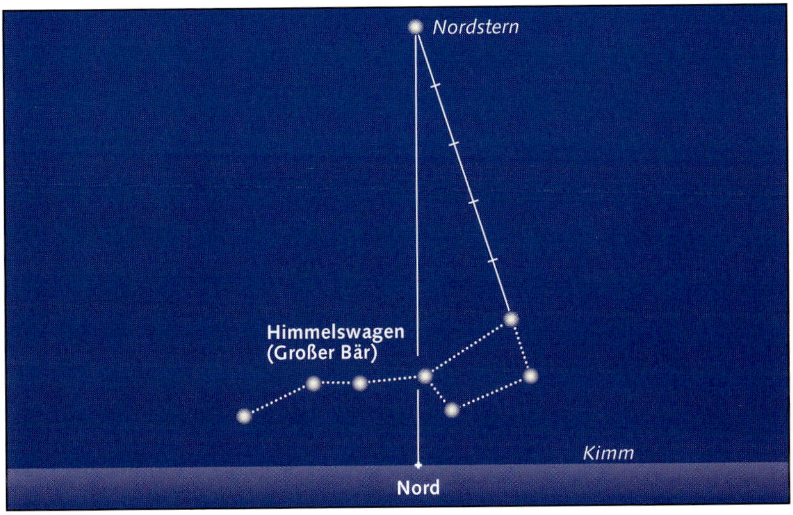

Abb. 4 Wie finde ich Nord?

Und nun nutzen wir dieses Sternbild aus: Wir ziehen in Gedanken einen Strich am Himmel und verlängern die Rückwand (1–2) des Wagens nach oben (im Sinne des Wagens gemeint) geradlinig um das Fünffache.

Da kommen wir in eine sternarme Gegend und treffen nach der fünffachen Verlängerung einen zwar nicht sehr hellen, aber in der ihn umgebenden Sternleere auffälligen Stern. Es ist der **Nordstern** oder **Polarstern** (Abb. 4).

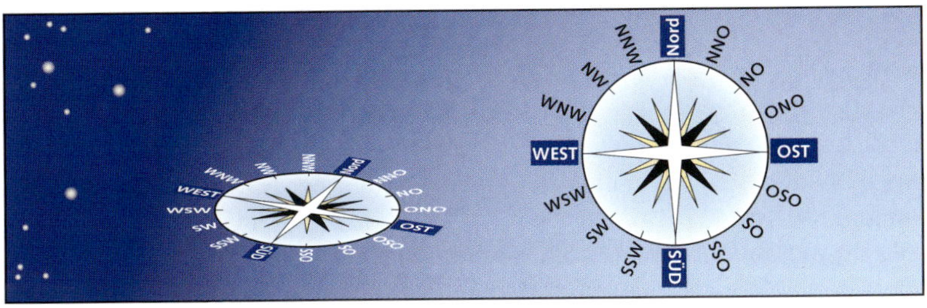

Abb. 5

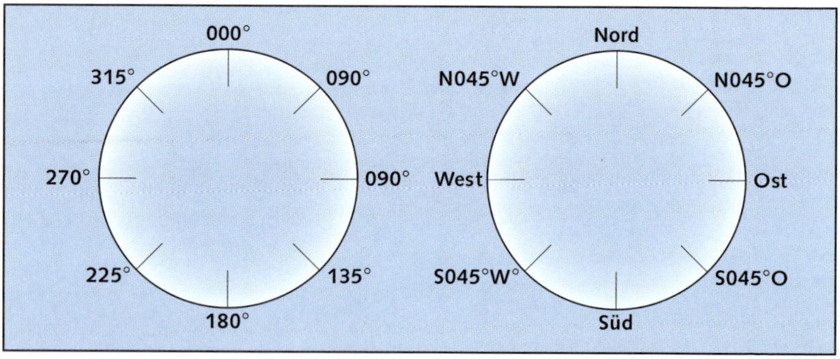

Abb. 6 Die Gradteilung (Vollkreisteilung)

Abb. 7 Viertelkreisige Gradteilung

Gehen wir von diesem Stern senkrecht auf die Kimm hinunter, so haben wir dort den **Nordpunkt** oder die Himmelsrichtung Nord.
Wir wissen: Die Nord entgegengesetzte Himmelsrichtung heißt Süd. Stellen wir uns so hin, dass wir nach Norden schauen, so liegt rechts von uns Ost, links West. Die beiden Richtungen Nord–Süd und Ost–West stehen senkrecht aufeinander (Abb. 5).
Um auch Zwischenrichtungen angeben zu können, teilen wir den ganzen Kreis Kimm oder Horizont in 360 gleiche Teile, die **Grade**. Wo Ost steht, können wir dann auch 090°, wo Süd 180° schreiben usw. (Abb. 6). Wir können aber auch die Bezeichnungen N, O, S, W (Abkürzungen für Nord, Ost, Süd und West) beibehalten und nur die Zwischenräume in 90 Teile teilen, wie es Abb. 7 zeigt (viertelkreisige Gradteilung).
Die Richtungsangabe legt aber allein die Lage des Sterns am Himmel noch nicht fest. Wir müssen außerdem noch angeben, wie hoch der Stern über der Kimm steht. Diese Höhe über der Kimm gewinnt der Navigator mit dem **Sextanten.**
Wieder muss natürlich der Abstand von der Kimm (senkrecht nach unten gemessen!) in Graden angegeben werden. Der Bogen am Himmel vom Scheitel über uns bis zur Kimm wird in 090° geteilt.

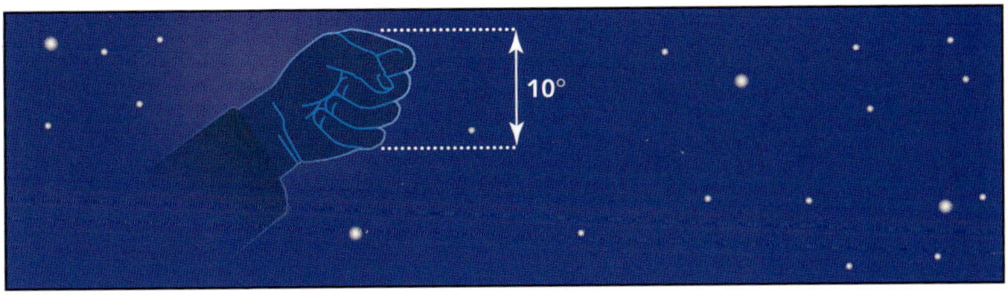

Abb. 8 Faustbreite = 10°

Aber wie kann ich ohne ein Gerät die Anzahl der Grade wenigstens angenähert angeben?
Wir halten eine Hand in etwa 50 cm Abstand vom Auge entfernt, den Arm also leicht angewinkelt. Dann verdeckt die geballte Faust ungefähr 10°, das heißt den neunten Teil des Bogens Scheitelpunkt-Horizont (Abb. 8).
Der Zeigefinger (Abb. 9) bedeckt den fünften Teil davon, also 2°, und die Handspanne (Abb. 10) von der Daumenspitze bis zur Kleinfingerspitze etwa 20°. Wir können dieses rohe Winkelmessverfahren auch anwenden, um Entfernungen am Himmel, Abstände von Sternen, anzugeben. In unserem Falle stellen wir nun also fest: Der Nordstern steht in Richtung Nord, gut fünf Faustbreiten hoch über der Kimm.
Schauen wir nun einmal zu dem Stern im Knick der Deichsel. Dieser Stern hat einen kleinen Nachbarn: das **Reiterlein** (Abb. 11). Von alters her hat dieser kleine Stern als Sehprobe gedient.
Wer die beiden Sterne getrennt sehen kann, hat gute Augen.

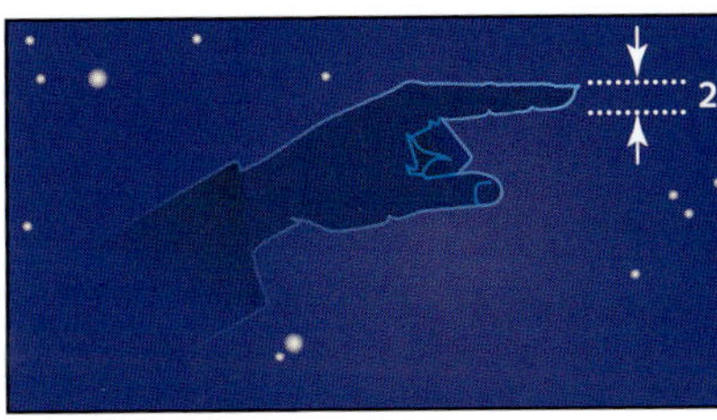

Abb. 9 Fingerbreite = 2°

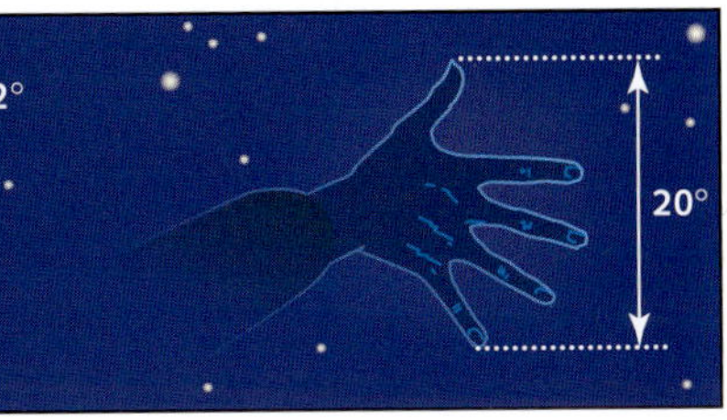

Abb. 10 Handspanne = ~20°

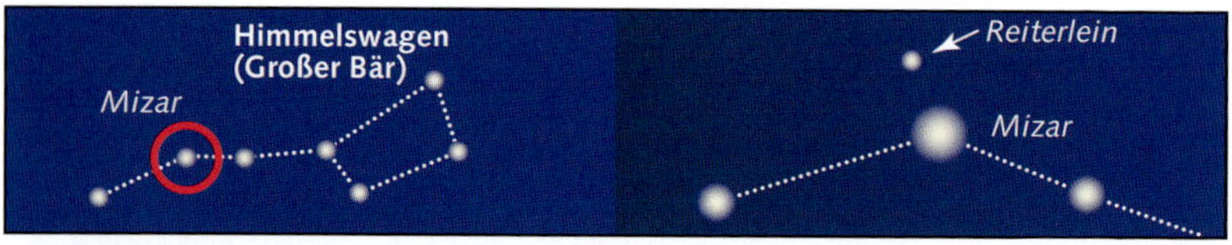

Abb. 11 Das Reiterlein Alkor bei dem Deichselstern Mizar des Himmelswagens

Es handelt sich um einen Doppelstern. Das soll nun aber nicht heißen, dass die beiden wirklich dicht nebeneinander stehen. Das sieht nur so aus, in Wirklichkeit stehen sie hintereinander, durch gewaltige Entfernungen getrennt. Denn: Mit der Vorstellung der Himmelskugel, so wie wir sie sehen, müssen wir brechen, hat uns die Wissenschaft gezeigt. Der messende und forschende Mensch ist in die Tiefe des Weltraums eingedrungen und hat gezeigt, dass all die Sterne, die uns in gleichem Abstand auf der Himmelskugel zu stehen scheinen, in Wirklichkeit sehr verschieden weit entfernt sind, dass es Nachbarn unserer Erde gibt und Sterne, zu denen selbst das Licht viele, viele Jahre braucht. Und das Licht hat schon die größte Geschwindigkeit überhaupt: In einer Sekunde legt es 300 000 km zurück. Der Umfang der Erde beträgt 40 000 km. Der Lichtstrahl kommt also in einer Sekunde über siebenmal um die Erde (Abb. 12).

Abb. 12 Der Lichtstrahl kommt in einer Sekunde über siebenmal um die Erde.

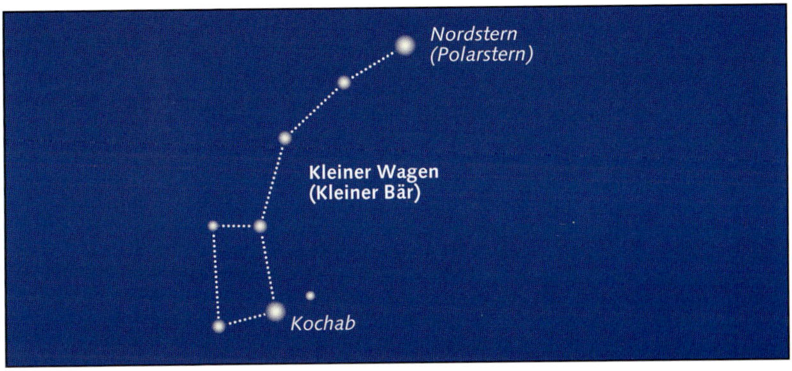

Abb. 13 Kleiner Wagen oder Kleiner Bär

Könnten wir mit dieser Lichtgeschwindigkeit reisen, so würden wir die Sonne in Minuten erreichen, manche Sterne aber erst in Jahren, wenn nicht gar Jahrhunderten.

Beobachten wir weiter: Am Nordstern hängt noch eine Sternfolge, die dem Himmelswagen ähnlich ist, der **Kleine Wagen** oder der **Kleine Bär** (Abb. 13). Den Nordstern mit diesen beiden Sternbildern werden wir in unseren Breiten zu jeder Zeit des Jahres zu jeder Nachtstunde wiederfinden. Wir haben ihn daher als Ausgangspunkt gewählt. Freilich, zu jeder Jahreszeit steht der Wagen anders. Treten wir in den vier Jahreszeiten jeweils um 22 Uhr hinaus, um den Himmelswagen zu suchen, so steht er im Frühling hoch in der Nähe des Zenits, im Sommer im Nordwesten, im Herbst tief unten in der Nähe der Kimm, im Winter im Nordosten in mittlerer Höhe (Abb. 14).

Noch befindet sich unser Schiff in der Nordsee. Wir wollen uns vornehmen, zu beobachten, ob sich dies Bild und die Lage des Bildes zur Kimm im Laufe der Reise ändern.

Zeichnen wir, wie in Abb. 14, die vier Lagen des Wagens in den vier Jahreszeiten auf, so erkennen wir, dass der Wagen im Laufe des Jahres offenbar rückwärts einmal um den Nordstern herum kutschiert.

Gehen wir mit unserem Blick vom Reiterlein auf der Deichsel des Himmelswagens zum Nordstern und über den Nordstern hinaus noch einmal um das-

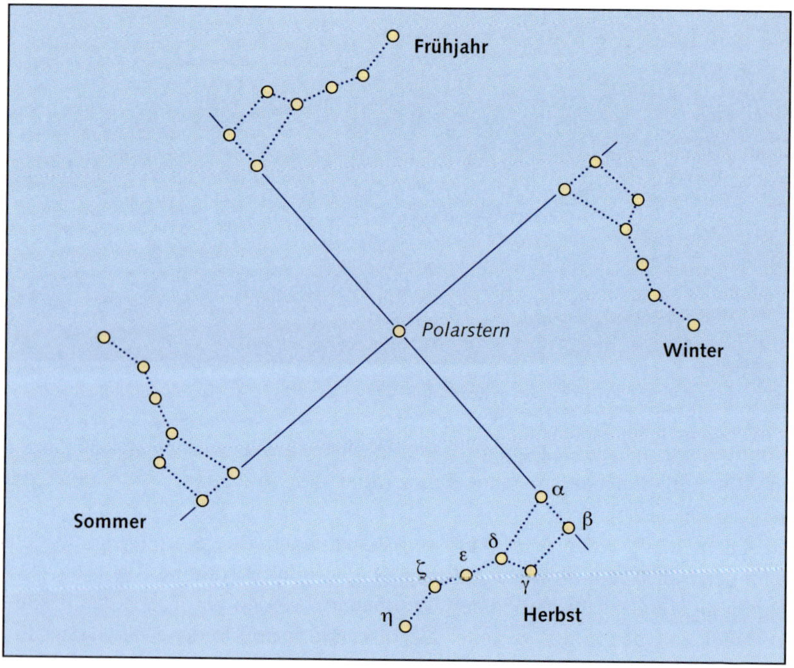

Abb. 14 Der Große Wagen (oder Himmelswagen oder Große Bär) in den vier Jahreszeiten

selbe Stücke geradeaus weiter, so treffen wir auf ein weiteres auffälliges Sternbild, das sicher manchem schon bekannt ist: das große **Himmels-W**, das freilich zu anderen Zeiten, auf dem Kopf befindlich, als Buchstabe M erscheinen kann. Es ist das Sternbild der **Cassiopeia** (Abb. 15), das also hoch im Zenit steht, wenn sich der Himmelswagen in der Nähe der Kimm befindet, und umgekehrt. Dieses Sternbild, das wir leicht wiederfinden, ist in jenem schimmernden Band von Sternen und leuchtenden Flecken angeordnet, das wir **Milchstraße** nennen.

Die helleren Sterne eines Sternbilds tragen meistens Namen, die aus dem Arabischen stammen. So leitet sich z. B. der Name **Dubhe** für den Hauptstern im

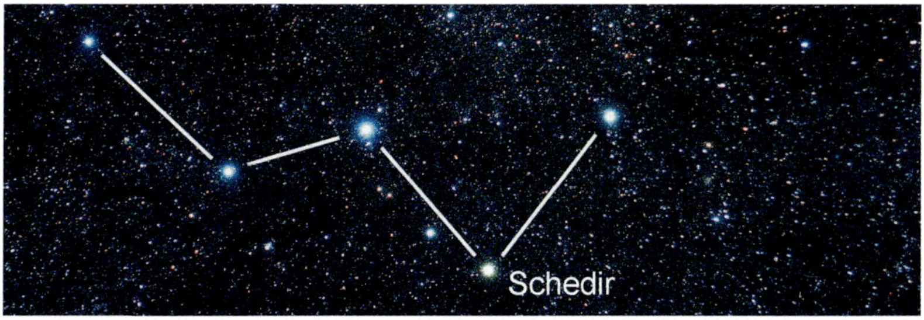

Abb. 15 Die Cassiopeia (Foto: Bernd Koch)

Großen Wagen (Bären) von **Tahr al Dubb al Akhbar** ab, was so viel wie »der Rücken des Großen Bären« bedeutet. Die heutigen Bezeichnungen mit lateinischen und griechischen Buchstaben gehen auf Johann Bayer (1572–1625) zurück. Der hellste Stern eines Sternbilds erhielt in der Regel den Buchstaben α (Alpha), der zweithellste β (Beta) usw. Doch keine Regel ohne Ausnahme: Im Großen Wagen (Abb. 2, 3, 14) wurden die Sterne einfach von hinten nach vorne in alphabetischer Reihenfolge bezeichnet und bilden auf diese Weise eine einprägsame Sternkette.

Es fällt auf, dass die Sterne (und so auch die des Großen Wagens) unterschiedlich hell sind. Die Astronomen bedienen sich bei der Angabe der **Sternhelligkeiten** des Begriffs der **Magnitude** (Größe, Größenklasse) eines Sterns. Doch aufgepasst: Es geht hier nicht um die räumliche Ausdehnung eines Sterns, sondern um den Wert seiner Helligkeit, wie er von der Erde aus erscheint. Ein Stern 1. Größenklasse (1 mag oder 1^m) ist 2,5-mal heller als ein Stern 2. Größe, der wiederum 2,5-mal heller als ein Stern 3. Größe usw. Im Himmelswagen sind die ersten beiden Sterne α und β bzw. die letzten drei ε, ζ und η etwa gleich hell. Sie sind Sterne 2. Größe. Der Stern γ ist ein Stern 3. Größe, und noch schwächer ist das **Reiterlein** (Abb. 11) als Stern 4. Größe. Mit diesem Stern ist fast die Grenze dessen erreicht, was man mit dem bloßen Auge noch sehen kann. An Orten mit sehr dunklem Nachthimmel kann man noch Sterne bis zur 6. Größenklasse ausmachen.

Das Fernglas dagegen eröffnet uns den Blick auf eine Fülle weiterer Sterne.

Abb. 16 Die Sternhaufen der Plejaden M45 (Foto: Bernd Koch)

Um das Himmels-W, die **Cassiopeia**, beispielsweise steht ein Bogen von Sternen gleicher Helligkeit; etwas außerhalb dieser Linie finden wir das **Siebengestirn**, auch **Plejaden** genannt (Abb. 16). Mit bloßem Auge sehen wir nur einen Lichtfleck, in dem wir sechs Sterne ausmachen können. Doch die Aufhellung um diese sechs Sterne lässt uns das Sternbild immer leicht wiederfinden. Der bei uns populäre Name **Siebengestirn** (auch die »Sieben Schwestern«) nimmt Bezug auf die sieben Töchter von Atlas und Pleione, namentlich **Alcyone** (schönste Tochter und hellster Stern in den Plejaden), **Sterope, Celaeno, Electra, Maia, Merope** und **Taygeta**. Anders als der Name es vermuten lässt, sind aber nie sieben Sterne, sondern entweder sechs oder neun zu sehen, je nachdem, wie dunkel der Himmel ist.
Doch das gewöhnliche Fernglas zeigt uns unendlich viel mehr als sechs Sterne, ein mittleres Fernrohr einer Sternwarte gar hunderte von Sternen, die zusammen diesen Sternhaufen bilden.
Die **Entfernung dieses Siebengestirns** ist von den Sternforschern, den **Astronomen**, bestimmt worden: Es ist über 400 Lichtjahre von uns entfernt. Das Licht, das wir dennoch heute von diesem Sternbild ins Auge bekommen, ist über 400 Jahre unterwegs; es verließ diese Sterne zur Zeit der Reformation. Und das Licht, das heute dort abgeht, werden erst nach 400 Jahren unsere Nachkommen »sehen«.

Die Himmelskugel

Allmählich verblassen die Sterne, ein neuer Tag bricht an: Das strahlendste Gestirn, das dem Menschen erscheint, die **Sonne**, geht auf. Im Osten erscheint sie als glühender Ball über der jetzt scharf sichtbaren Kimm; schon vorher kündet von ihrem Kommen ein rotes Aufleuchten des Osthimmels.
Ist auch die Sonne ein Stern wie die anderen? Ist sie glühend heiß, da wir doch ihre Wärme hier auf der Erde so kräftig spüren?
Interessante Dinge werden wir von diesem Himmelskörper hören. Doch vorerst beobachten wir die Sonne einmal den ganzen Tag, um ihren Wanderweg zu erfassen.
Ihre Höhe über der Kimm wird immer größer, ihre Richtung immer östlicher, dann südlicher. Sie wandert also an der Himmelskugel, die auch bei Tage als riesige blaue Glocke über der Kimm zu stehen scheint. Sie steigt auf ihrer Wanderung immer höher, bis sie mittags im Süden steht und ihre größte Höhe über der Kimm erreicht hat. Im Laufe des Nachmittags und Abends sinkt sie dann weiter wandernd immer tiefer, bis sie im Nordwesten als roter Ball versinkt. Langsam wird es wieder dunkler, es dämmert, bis schließlich die ersten Sterne durchkommen und die Nacht alle Farben wieder auslöscht.
Wie die Sonne von Stunde zu Stunde ihre Lage an der Himmelskugel ändert, so tun es auch die Sterne. Jene, die im Osten in der Nähe der Kimm stehen, wenn es dunkel wird, steigen im Laufe der Nacht höher, stehen um Mitternacht hoch im Süden. Immer neue Sterne kommen im Osten hoch, während die anderen im Westen versinken. Eine ganze sternbesetzte Himmels*kugel* scheint sich zu drehen. Nur ein Stern steht unveränderlich da, die ganze Nacht fast an derselben Stelle: der **Nordstern**.
Es ist, als ob sich die ganze Kugel um eine Achse dreht, die durch unseren Standort zum Polarstern führt, die **Achse der Welt**.
Richten wir einen gewöhnlichen Fotoapparat auf den Nordstern und seine Umgebung und belichten die ganze Nacht hindurch, so zeichnen die Sterne auf den lichtempfindlichen Film Kreise um den Nordstern (Abb. 17).
Dass sich Sonne, Mond und Sterne um den Beobachter auf der Erde drehen sollen, ist zwar ein berauschender Gedanke, der erste Gedanke eines Men-

Abb. 17 Sternstrichspuren um den nördlichen Himmelspol. Selbst der nur knapp ein Grad vom Himmelspol entfernte Polarstern zieht während der 40-Minuten-Belichtung seine Kreise. (Foto: Bernd Koch)

schen, der die Natur aufmerksam beobachtet, die Auffassung der einfachen Hirtenstämme des Altertums, der primitiven Menschen weit zurück liegender Zeiträume. Es ist der Gedanke eines Menschen, der sich für die Krone der Schöpfung hält. Doch Jahrhunderte geistiger Entwicklung, forschenden Vordringens haben dieses Weltbild verändert, haben den Menschen aus dem Mittelpunkt der Welt herausgehoben, ihn entthront. Mensch und Erde sind nicht Mittelpunkt der Welt, um den alle Himmelskörper ihre Bahnen ziehen müssen. Die Erde ist nur eine kleine sich drehende Kugel im großen Weltraum, dessen Grenze der forschende Mensch niemals erreichen wird. Und der

Mensch auf dieser kleinen Kugel Erde sieht im Laufe einer Umdrehung seiner Kugel - diese Zeit nennt er einen Tag - die Sterne nur in immer anderen Richtungen und Höhen.
Die Erde rund? Eine Kugel? Die sich dreht? Ja, kann man denn das alles beweisen? Immer reichlicher türmen sich die Fragen auf, die wir lösen wollen. Denken wir an die Beobachtung auf See: Was machen wir von einem entgegenkommenden Frachter zuerst aus? Die Mastspitzen, dann die Aufbauten, dann erst das ganze Schiff. Das kann man sich nur dadurch erklären, dass die Erde keine flache Scheibe ist, die an der Kimm abschließt, sondern eine Kugel (Abb. 18).
Unser Gesichtsfeld umschließt nur einen sehr kleinen Teil der Erdoberfläche (Abb. 19). Selbst die höchsten Berge der Küste verschwinden in der Kimm, wenn wir uns von ihnen entfernen. Und dann kann kein noch so gutes Glas sie uns wieder sichtbar machen.
Steigen wir mit dem Ballon oder mit dem Flugzeug auf, so weitet sich das Gesichtsfeld, aber immer bleibt es von einer Kreislinie begrenzt.
Ich brauche nur an die Weltumseglungen zu erinnern, um noch einmal die Kugelgestalt der Erde klarzumachen.
Aber nicht nur die Erde ist eine Kugel, auch die Sonne. Wie eine große Scheibe steht sie am Himmel, kreisförmig begrenzt. Die Beobachtung der Sonnenflecken wird uns später lehren, dass sie eine Kugel ist, dass wir sie von allen Seiten zu sehen bekommen, da sie sich um ihre Achse dreht. Und bei dem Mond können wir die Kugelform mit eigenen Augen sehen.

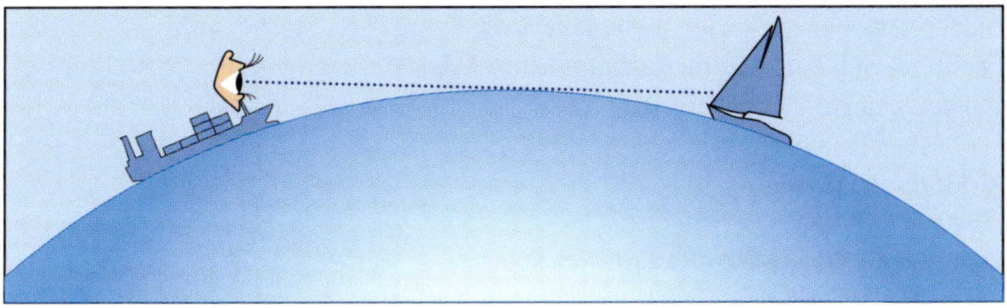

Abb. 18 Krümmung der Erdoberfläche

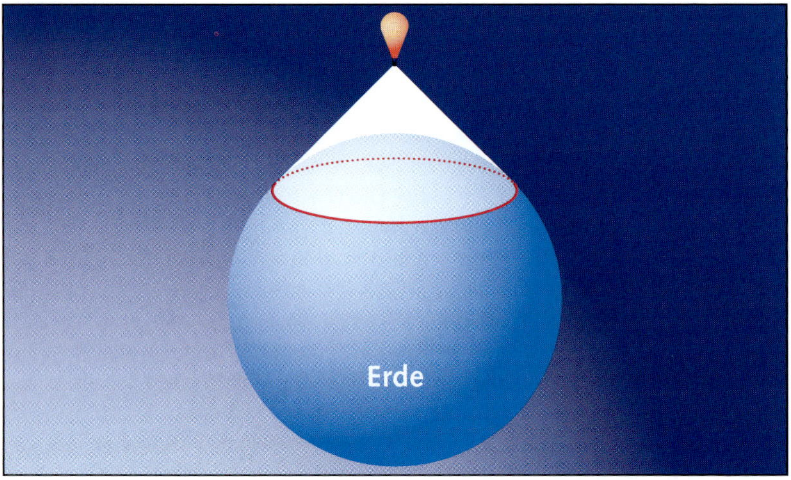

Abb. 19 Größe des Gesichtsfeldes

Suchlinien am Himmel

Eine Reihe von Zeichnungen soll dazu dienen, weitere Sternbilder und markante Sterne am Himmel zu finden. Das Beispiel Himmelswagen - Nordstern zeigte uns schon, wie wir durch Linien am Himmel - sogenannte **Suchlinien** - von einem uns geläufigen Sternbild zu weiteren Sternen gelangen können. Ich mache zugleich auf die **Helligkeit** und **Farbe** der Sterne aufmerksam, die wichtige Hilfsmittel zum Auffinden und Wiedererkennen sind (besonders bei teilweise bewölktem Himmel).

Zirkumpolarsterne

Der Himmelswagen kreist um den Nordstern und ist - in Deutschland - das ganze Jahr hindurch am Himmel zu finden. Alle Sterne, die um den Polarstern herumlaufend das ganze Jahr hindurch zu jeder Nachtzeit gesehen werden können, nennen wir **Zirkumpolarsterne**. Zu diesen gehören noch weitere (Abb. 20).

Zunächst: Zwischen **Großem und Kleinem Bär** hindurch zieht sich eine lange Sternreihe (nicht sehr ausdrucksvoll) hindurch. Das ist der **Drache**. Dem Himmelswagen gegenüber steht die uns schon bekannte Cassiopeia. Zwischen Cassiopeia und dem Himmelspol liegt der **Cepheus**, an seiner Hausform leicht zu erkennen (Abb. 21).

So wie Himmelswagen und Cassiopeia auf entgegengesetzten Seiten des Nordsterns liegen, so stehen auch die Sternbilder **Fuhrmann** und **Leier** an den Enden einer geraden Linie durch den Nordstern, die zu der anderen senkrecht

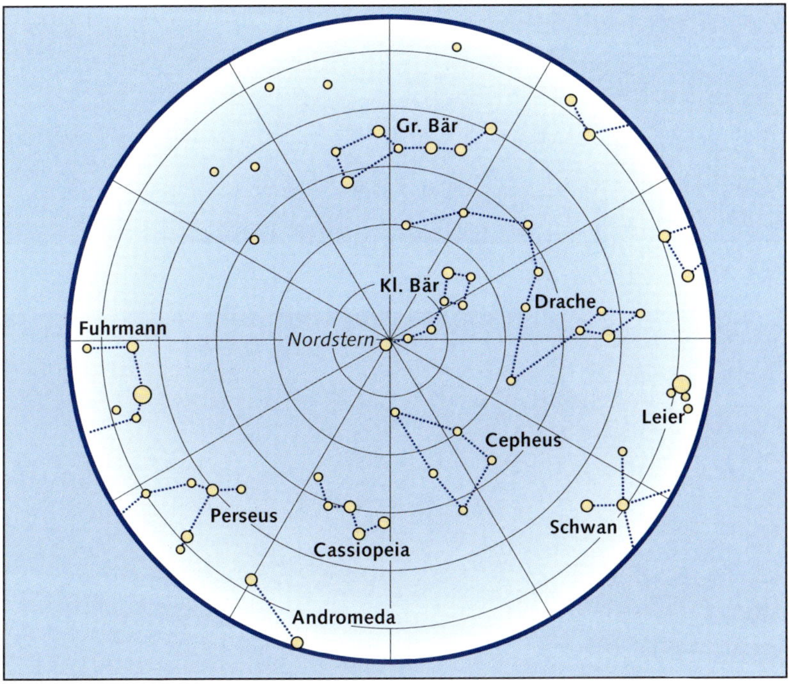

Abb. 20 Karte der Zirkumpolarsterne (für Deutschland)

verläuft. Hauptstern der Leier ist die **Wega**, des Fuhrmannes die **Capella** (Abb. 22). In der Nähe der Capella finden wir den **Perseus**. An all diese hell leuchtenden Sterne knüpfen sich Sagen der griechischen Götterwelt.

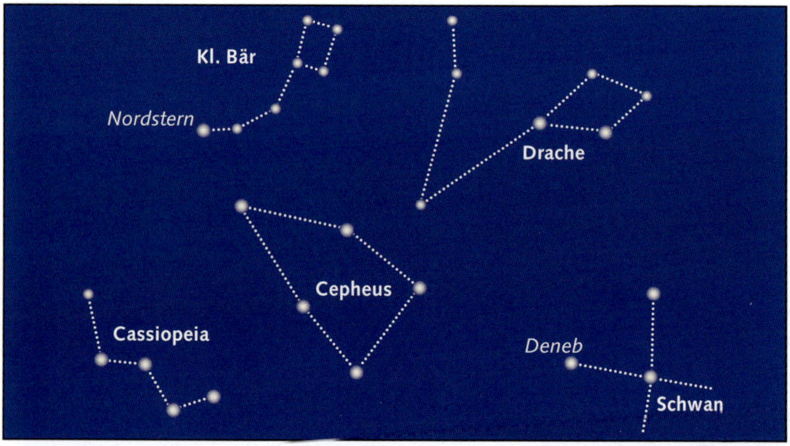

Abb. 21 Sternbild Cepheus

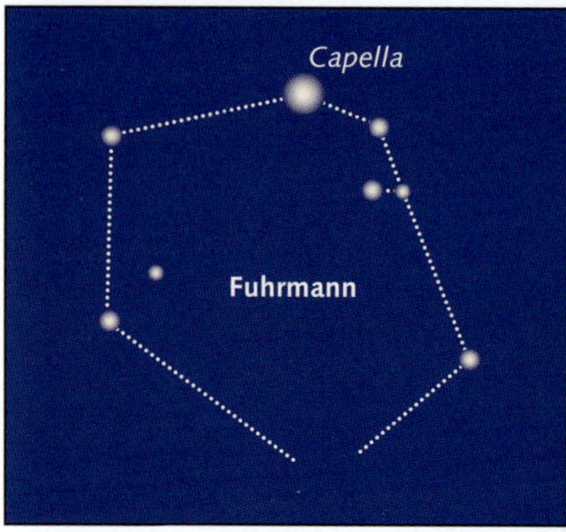

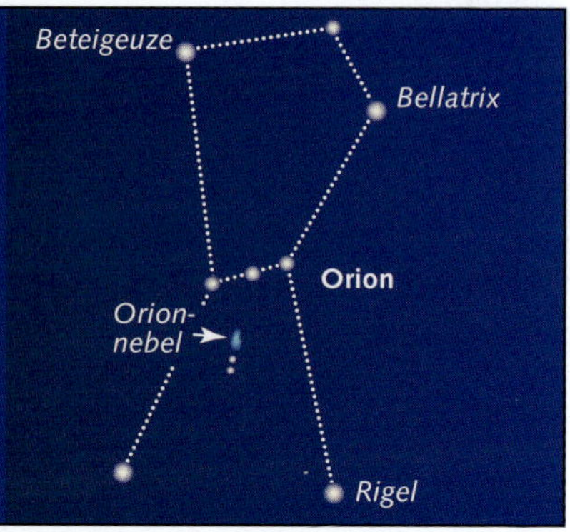

Abb. 22 Sternbild Fuhrmann mit Hauptstern Capella

Abb. 23 Sternbild Orion

Wintersterne

Wer im Winter mit dem Sternsuchen beginnt, nimmt als Ausgangsbild den **Orion**, wohl das schönste aller Sternbilder überhaupt (Abb. 23). Man findet es immer sofort wieder. Gedeutet wurde es als ein gewaltiger Jäger, der gegen einen anstürmenden Stier kämpft.
Wer einmal in einem Planetarium war, in dem unabhängig vom Wetter durch Projektion auf eine Kuppel, die sich über dem Zuschauer wölbt, überwälti-

Abb. 24 Die Wintersternbilder in griechischer Deutung. Von links im Uhrzeigersinn: Kleiner Hund, Zwillinge, Fuhrmann, Stier, Orion und Großer Hund

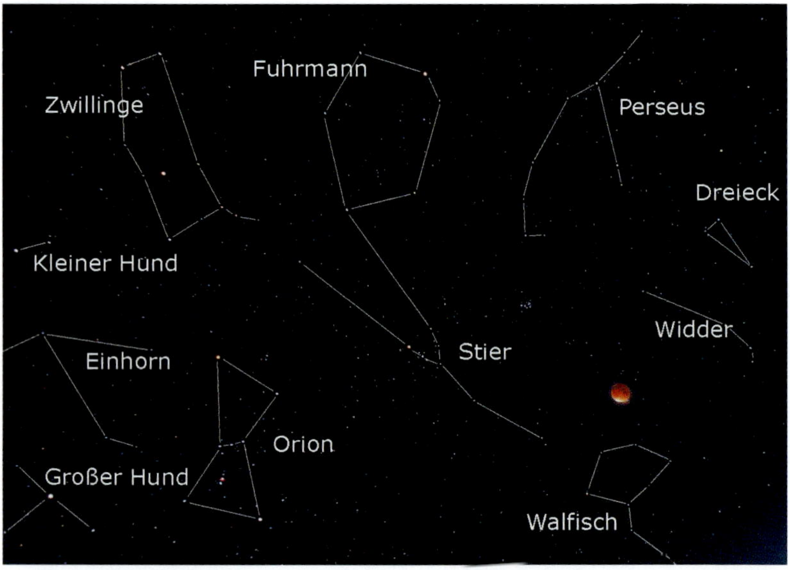

Abb. 25 Die Wintersternbilder und die totale Mondfinsternis vom 9. November 2003 (Foto: Bernd Koch)

gend naturgetreu die Illusion des gestirnten Himmels erzeugt wird, sah dort Lichtbilder, wie etwa das in Abb. 24, in dem der Jäger Orion mit seinen beiden Hunden im Kampf gegen den Stier anschaulich dargestellt wird (Vergleiche dazu auch Abb. 25). Diese Deutung der Sternbilder durch Sagen gibt einen guten Anhalt beim Aufsuchen neuer Sterne.

Besonders auffallend an diesem Sternbild unserer Breiten sind die drei **Gürtelsterne**, die im Volksmund **Jakobstab**, am Rhein auch **Rechen** heißen. Unterhalb dieses Gürtels finden wir das **Schwertgehänge**. In dieser Sternfolge erkennt man in klaren mondlosen Nächten bei dem mittleren Stern einen lichten Fleck. Es ist der **Orionnebel**, der uns noch beschäftigen wird.

Die hellsten Sterne des Orions sind der rechte Schulterstern **Beteigeuze** und der Stern, der den linken Fuß des Jägers darstellt, **Rigel**.

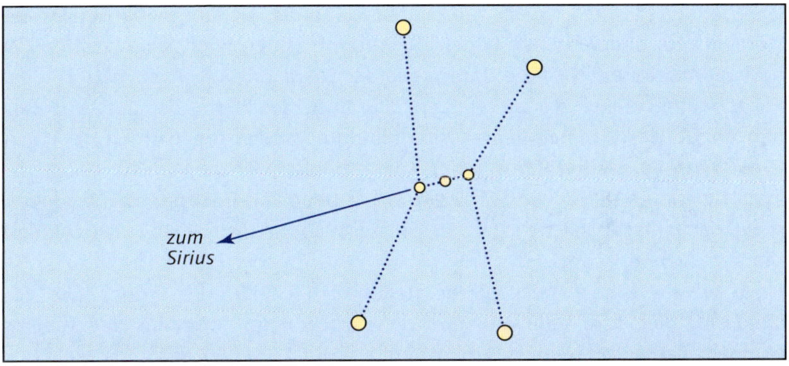

Abb. 26 Lage des Sirius

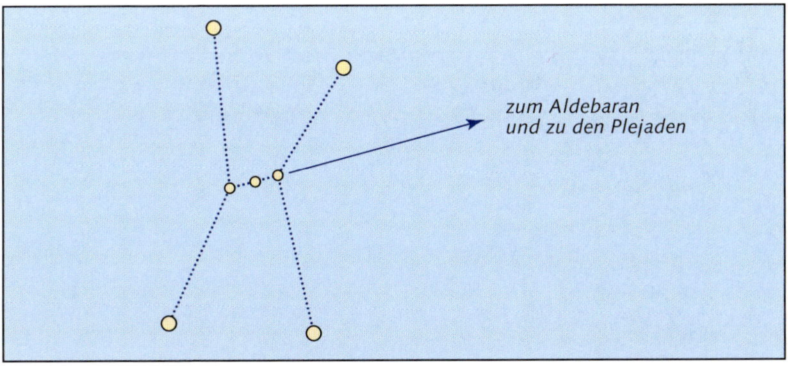

Abb. 27 Suchlinie Orion – Aldebaran

Bei der Beobachtung dieser Sterne fällt auf, dass die Beteigeuze rötliches Licht aussendet; ganz anders als der **Sirius**, der bläulich-weiß glänzend funkelt. Wir finden den Sirius vom Orion aus durch Verlängerung der Gürtellinie zur Seite des Gehänges hin (Abb. 26). Er steht im Sternbild des **Großen Hundes** und ist der hellste der Sterne, die wir bisher beobachteten.

Ganz anders gefärbt ist der Stern, den wir durch Verlängerung der Gürtelsternlinie zur anderen Seite finden, Richtung Plejaden oder Siebengestirn: der rötliche **Aldebaran, der Alte Baron,** wie der Seemann sagt (Abb. 27).
Für die alten Völker war dieser Stern das Auge des **Stiers**, das aus Wut über den Angriff des Himmelsjägers Orion blutunterlaufen rot geworden ist.
Wenn man vom Alten Baron redet, sollte man sein Erröten freilich anders erklären, denn er steigt, wie sich jeder überzeugen kann, soeben der Mädchenschar der Plejaden nach... Unsere Suchlinie führt nämlich über den Aldebaran zum Siebengestirn.
Noch weitere schöne helle Sterne stehen in der Nähe des Orions. Die Verlängerung der Schulterlinie liefert den **Procyon im Sternbild des Kleinen Hundes**, der zusammen mit dem Großen Hund (Sirius) dem Himmelsjäger Orion folgt (Abb. 28).

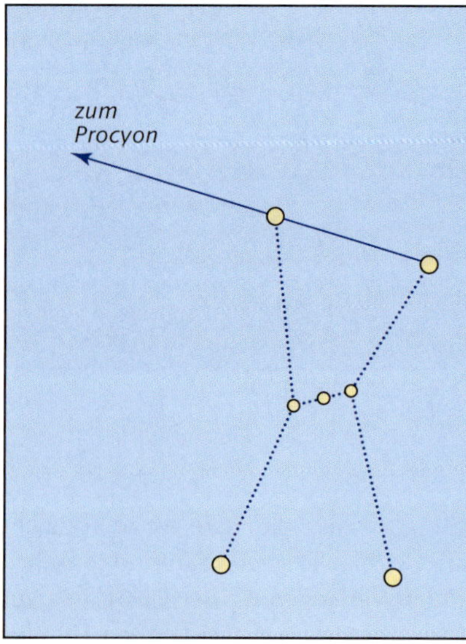

Abb. 28 Suchlinie Orion – Procyon

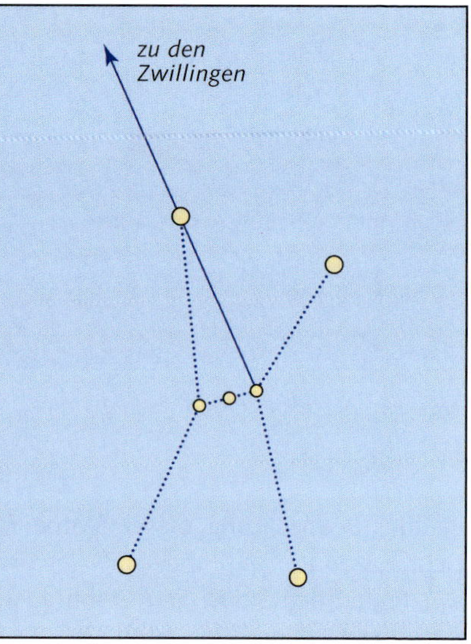

Abb. 29 Suchlinie Orion – Zwillinge

Beteigeuze, der rechte Schulterstern des Orions, Sirius im Großen Hund und Procyon im Kleinen Hund bilden ein auffallendes gleichseitiges Dreieck, das **Winterdreieck**. Es ist fast noch auffälliger als der Orion und daher zur ersten Orientierung am Winterhimmel sehr geeignet.

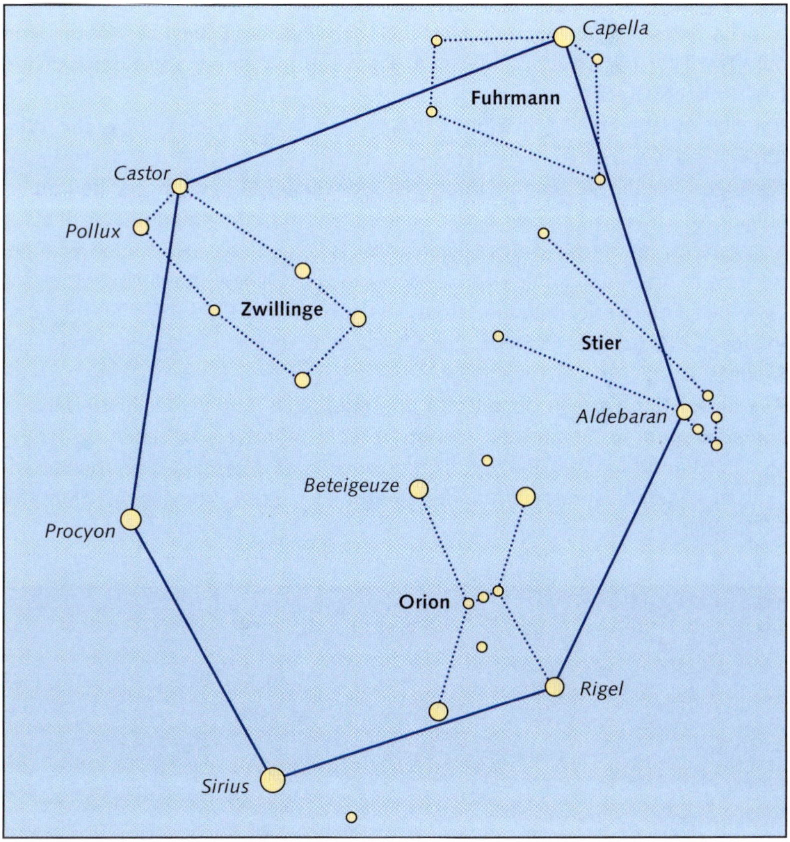

Abb. 30 Das große Wintersechseck

Gehen wir von dem oberen Gürtelstern zum linken Schulterstern und in dieser Richtung weiter, kommen wir zum **Castor**, einem der **Zwillinge Castor und Pollux**, die auch immer leicht wiedergefunden werden können (Abb. 29). Diese Zwillinge stehen etwa in der Mitte zwischen dem Kleinen Hund und dem Fuhrmann, dessen hellsten Stern Capella wir schon vom Himmelswagen aus ausmachten.

Capella finden wir auch, wenn wir Rigel, den linken Fußstern des Orions, mit dem Nordstern verbinden. Oder den Aldebaran mit einem Stern der Deichsel des Himmelswagens.

Capella, Aldebaran, Rigel, Sirius, Procyon und Castor bilden das **große Wintersechseck** (Abb. 30).

Verfolgen wir die Verbindungslinie der Schultersterne des Orions, deren Verlängerung uns den Procyon zeigt, so kommen wir zum **Regulus**, zu deutsch Königsstern, im Sternbild des **Löwen** (Abb. 31), den wir auch finden können, wenn wir vom Aldebaran mitten zwischen den Zwillingen hindurchstoßen.

Zwischen Pollux und Regulus sehen wir einen hellen Fleck, den Sternhaufen **Präsepe**, die **Krippe.** Präsepe gehört zu dem unscheinbaren Sternbild des **Krebses**.

Alle diese Sterne gehen bei uns auf und unter, gehören also nicht zu den Zirkumpolarsternen; sie sind auch nicht zu jeder Jahreszeit zu sehen. Während in den Wintermonaten der Orion das leuchtende Sternbild der Abende ist, sind zu anderen Jahreszeiten andere Sternbilder die Ausgangspunkte unserer Sucharbeit.

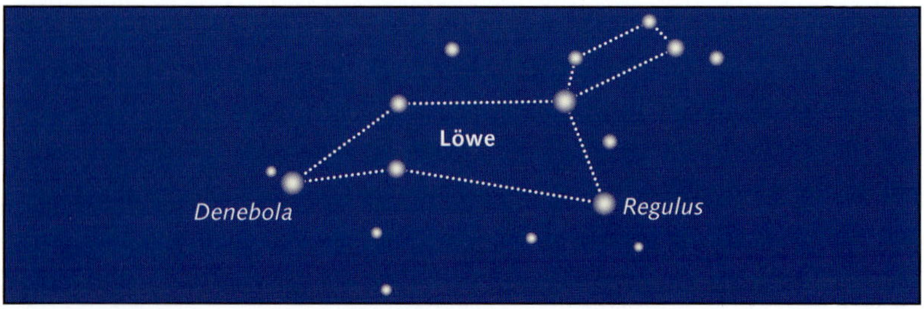

Abb. 31 Sternbild Löwe mit Regulus

Frühlingssterne

Während der Orion Abend für Abend weiter im Westen steht, beginnt der Löwe (Abb. 31) das beherrschende Sternbild im Süden zu werden. Mit einiger Fantasie kann man aus dieser Sternfolge wohl einen ruhenden Löwen erkennen. Der Hauptstern Regulus bildet die Vorderpranke.
Die Lage des Löwen zum Himmelswagen zeigt Abb. 32. Sie zeigt noch mehr: Verlängert man die Deichsellinie des Himmelswagens in ihrem natürlichen Schwung nach unten weiter, trifft man nach zweifacher Verlängerung den fast orangefarben leuchtenden **Arktur**, der beinahe dieselbe Helligkeit hat wie Sirius, Capella und Wega. Arktur ist ein Riesenstern, dessen Durchmesser 28-mal so groß und dessen Leuchtkraft 94-mal so groß ist wie die unserer Sonne.

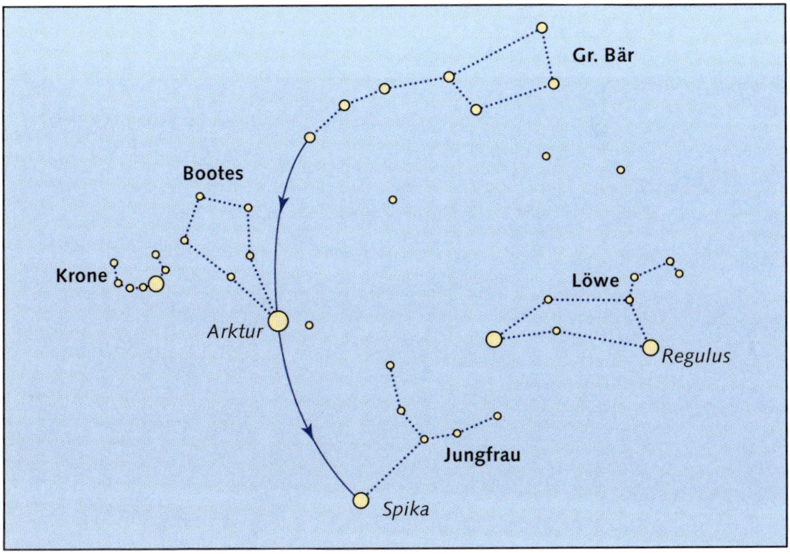

Abb. 32 Die Sternbilder Löwe, Bootes und Jungfrau

Arktur bedeutet »Wächter des Bären«. Er gehört zum Sternbild **Bootes oder Bärenhüter.** In der Nähe unserer Suchlinie hebt sich das Halbrund der **Nördlichen Krone** (Corona Borealis) mit dem funkelnden Mittelstern **Gemma** (Edelstein) leicht erkennbar ab.

Verfolgen wir die Suchlinie in derselben Krümmung über den Arktur hinaus weiter, so treffen wir in demselben Abstand die **Spika im Sternbild der Jungfrau.**

Regulus, Arktur und Polarstern bilden ein nahezu gleichseitiges Dreieck, das den Himmelswagen einschließt.

Verbinden wir Arktur und Spika und errichten auf dieser Linie ein gleichschenkliges Dreieck, so ist der Regulus dessen Spitze.

Zwischen Himmelswagen, Löwe und Bootes beachten wir das zarte Sternbild **Haar der Berenice.**

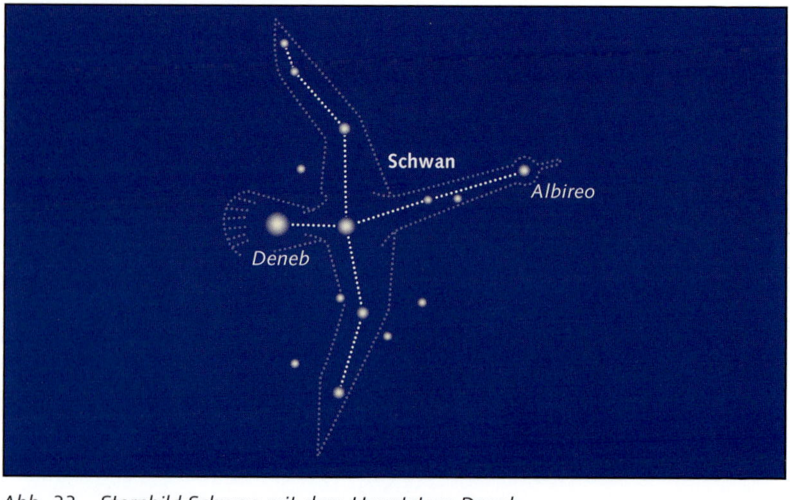

Abb. 33 Sternbild Schwan mit dem Hauptstern Deneb

Sommersterne

Verfolgen wir die Milchstraße vom Himmels-W, der Cassiopeia, aus bis zu der auffallenden Verzweigungsstelle. Nahe dieser Stelle steht ein strahlender Stern, der **Deneb, im Sternbild des Schwans.** Dieses Sternbild heißt auch **Kreuz des Nordens;** als Kreuz ist es am leichtesten auszumachen. Deneb bedeutet eigentlich Schwanz. Abb. 33 zeigt, wie die Alten in diesem Sternbild einen fliegenden Schwan erkannten.
Im südlichen Arm der Milchstraße nach der Teilung liegt **Atair im Sternbild des Adlers.**
Nördlich der Milchstraße, etwa ebenso weit vom Nordstern entfernt wie Deneb, steht ein weiß-bläulich strahlender Stern 1. Größe, die **Wega im Sternbild der Leier** (Abb. 34), einer der hellsten Sterne des Nordhimmels (Abb. 35). Das etwas unscheinbare Sternbild der Leier ist durch seinen Ringnebel berühmt, der etwa in der Mitte der hintersten beiden Sterne des Vierecks, das die Leier vorstellen soll, im Fernrohr sichtbar wird und der uns später wichtig sein wird.

Abb. 34 Das Sommerdreieck der Sterne Deneb (Schwan), Wega (Leier) und Atair (Adler) (Foto: Bernd Koch)

Abb. 35 Sternbild Leier mit dem Hauptstern Wega

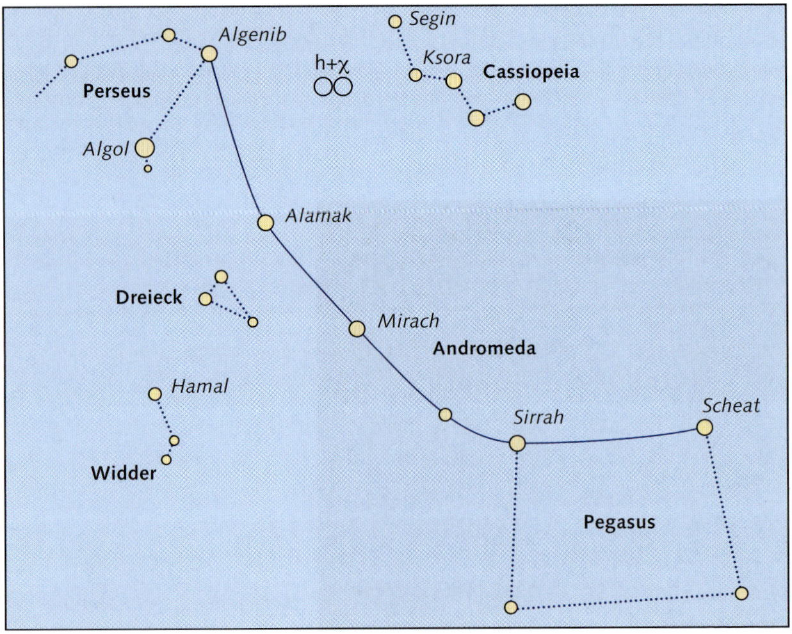

Abb. 36 Die Fünfer-Reihe

Wir wissen bereits, dass Wega und Capella an den Endpunkten eines Kreuzes mit dem Nordstern als Kreuzungspunkt liegen, dessen anderer Arm vom Himmelswagen und der Cassiopeia gebildet wird. Diese Suchlinien liefern uns einige helle Sterne (die schönsten), aber natürlich lange nicht alle. Wer weitere finden will, muss sich Sternkarten anschaffen.
Es werden im Sommer bei uns auch Sternbilder sichtbar, die als eigentliche Sternbilder des Südhimmels später erklärt werden, wenn sie den Äquator überschritten haben, wie der **Skorpion** mit seinem Hauptstern **Antares.**

Herbststernbilder

Abb. 36 zeigt einen schönen Sternzug, den man **Fünfer-Reihe** nennt: Sie legt sich um die Cassiopeia herum. Die fünf Sterne folgen in fast gleichen Abständen und sind gleich hell. Der erste, den wir von der Capella aus dem Band der Milchstraße folgend treffen, ist der **Algenib im Sternbild des Perseus.** Geht man in sternklaren Nächten vom Perseus zur Cassiopeia, so befindet man sich in dem schönsten Teil der Wintermilchstraße. Zwei Drittel des Weges von **Algenib** zu **Ksora** liegen zwei schwach leuchtende Wölkchen (Abb. 36), zwei Sternhaufen, von denen wir später noch hören werden.
Der eigentümlichste Stern des Bildes Perseus ist der **Algol.** Seine Helligkeit schwankt in gewissen Perioden, auf die wir noch zurückkommen. Das Per-

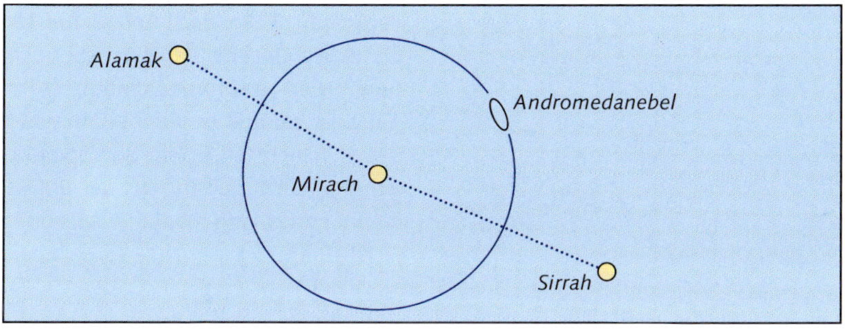

Abb. 37 Lage des Andromedanebels

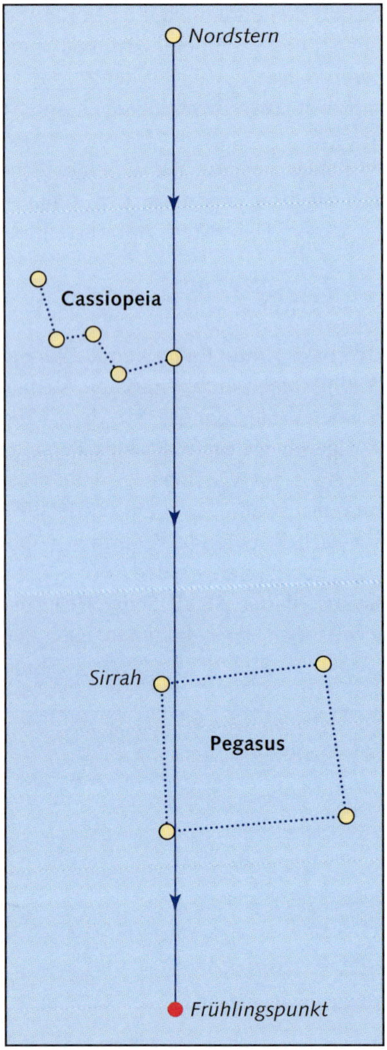

seus-Sternbild ist bekannt durch die Sternschnuppenschwärme, die alljährlich aus seiner Richtung herankommen. In einer klaren mondlosen Nacht vom 11. auf den 12. August eines jeden Jahres erfreuen zahlreiche Sternschnuppen den Betrachter. Die Erde durchquert alljährlich in dieser Nacht die Bahn des »ausgebrannten« Kometen **Swift-Tuttle**. Wie ein gigantischer Staubsauger zieht die Erde die Staubteilchen an, die mit hoher Geschwindigkeit in die Erdatmosphäre eindringen und dort – teils spektakulär – verglühen.

Der nächste Stern der Fünfer-Reihe gehört schon zum Sternbild der **Andromeda.** Legt man um den mittleren der Sterne dieses Sternbildes, also den dritten der Fünfer-Reihe, **Mirach,** einen Kreis (Abb. 37), so liegt auf diesem Kreis zur Milchstraße hin ein schwach leuchtendes längliches Wölkchen, eines der interessantesten Objekte unserer Himmelsbetrachtung: der **Andromedanebel** (Abb. 158). Es handelt sich dabei um einen der uns nächsten bekannten Spiralnebel. Sein Licht kommt aus der unfassbaren Entfernung von 2,2 Millionen Lichtjahren.

Abb. 38 Wie finde ich den Frühlingspunkt?

Die letzten beiden Sterne der Fünfer-Gruppe gehören zum Sternbild des **Pegasus,** dessen Viereck unterhalb der Cassiopeia sicher schon aufgefallen ist.
Gehen wir von der Cassiopeia über den ersten Stern der Andromeda weiter, treffen wir das auffällige Sternbild **Dreieck** und dann den hellsten Stern des **Widders** (Abb. 36). Auch die Verlängerung der Verbindungslinie Beteigeuze (Orion) - Aldebaran (Stier) führt auf diesen Stern.
Der Navigator weiß, wie wichtig für den Astronomen der sogenannte **Frühlingspunkt** ist, das heißt die Stelle am Himmel, an der die Sonne bei Frühlingsanfang steht. **Der Frühlingspunkt liegt im Sternbild der Fische.** Es gibt an dieser Stelle aber keinen auffälligen Stern. Wir finden sie am besten im Herbst, wenn die Sonne diesen Himmelsbereich verlassen hat: Wir gehen vom Polarstern zum letzten Stern des Himmels-W. Um dasselbe Stück in dieser Richtung weiter steht ein Stern des Pegasus-Vierecks, die **Sirrah;** noch einmal um dasselbe Stück weiter in derselben Richtung liegt der Frühlingspunkt (Abb. 38).
Dieser Punkt heißt auch **Widderpunkt,** das astronomische Zeichen dafür ist ♈.
In Abb. 39 sind die Hauptsternbilder in die Milchstraße eingezeichnet.
Damit wollen wir unseren Rundgang durch die Sternbilder beschließen, die auf Nordbreite die Hauptzierde des Sternhimmels bilden. Natürlich sollen wir nicht alle diese Sterne an einem Abend suchen und finden, sie sind ja nicht einmal alle gleichzeitig am Himmel zu sehen. Es soll Schritt für Schritt der Himmel erobert werden, und dafür stellte ich hier die Hauptstützen zusammen. Der Beobachter an Land kauft sich eine drehbare Sternkarte, die für seine geographische Breite entworfen ist, stellt Datum und Beobachtungszeit ein und hat nun alles richtungsrichtig vor sich, was er sehen muss.
Ergänzend empfiehlt sich die Anschaffung eines astronomischen Jahrbuchs (z. B. »Sterne, Mond, Planeten - Himmelsjahrbuch«, Delius Klasing Verlag), das Auskunft über die aktuellen Himmelsereignisse gibt.

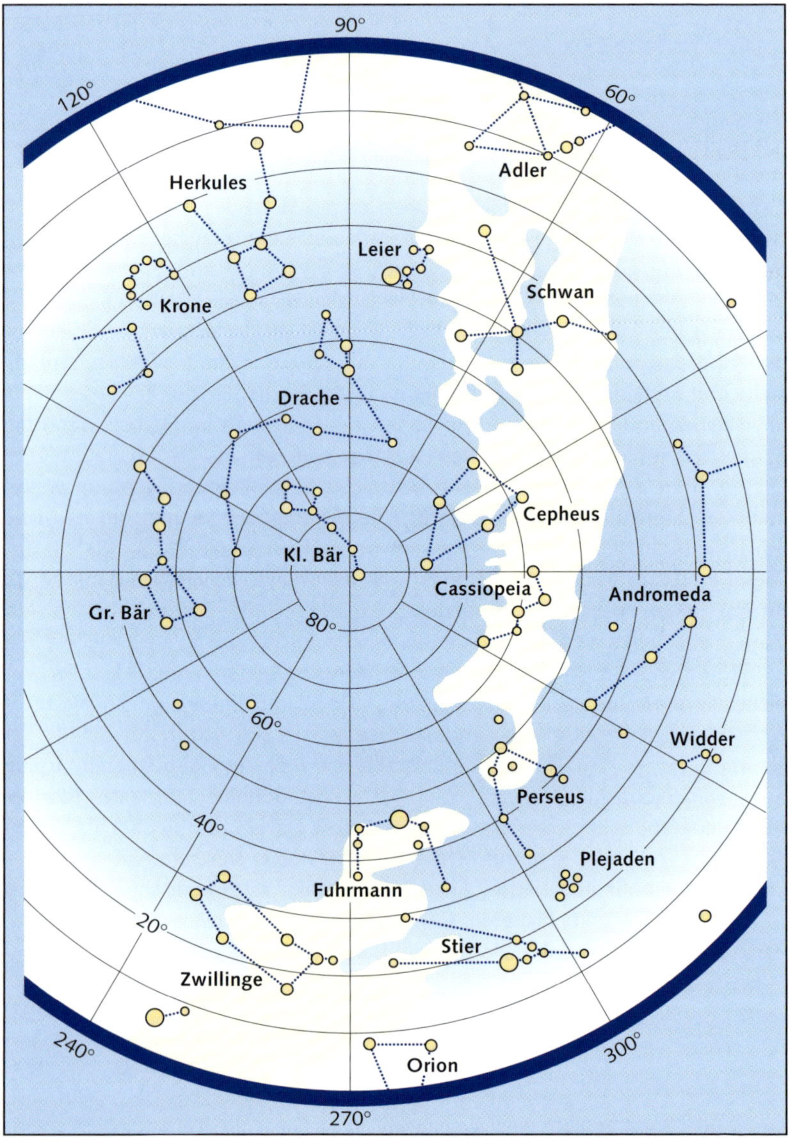

Abb. 39 Die Milchstraße mit ihren Hauptsternbildern

Kieker her!

Jetzt nehmen wir einmal ein Glas mit nach draußen. Zuerst ein Blick zum Reiter auf dem Deichselstern des Himmelswagens. Deutlich sehen wir Mizar und Alkor getrennt. Nun zu der Sternversammlung der Plejaden: Wir machen viel mehr als sechs Sterne aus. Mehrere hundert erkennt man durch ein Fernrohr. Es handelt sich um einen so genannten **offenen Sternhaufen,** von denen heute schon sehr viele bekannt sind.

Besonders hübsch anzusehen sind zwei nahezu in der Sichtlinie liegende **Sternhaufen zwischen Perseus und Cassiopeia.** Wo das bloße Auge nur eine nebelige Aufhellung wahrnimmt, lösen wir schon mit einem kleinen Teleskop die beiden benachbarten Sternhaufen in hunderte von Einzelsternen auf. Diesen **Doppelsternhaufen** nennt man h + χ (sprich: H und Chi) im Perseus (s. Abb. 36).

Von ganz anderer Natur ist das Nebelgebilde im Wintersternbild Orion am mittleren Stern des Schwertgehänges am Gürtel des Himmelsjägers (Abb. 40). Hier handelt es sich primär nicht um eine Anhäufung von Sternen, sondern um einen **Wasserstoffgasnebel,** in dem Sterne geboren werden.

Durchmustern wir noch einmal das schimmernde Band der Milchstraße: Es löst sich im Glas in tausend und abertausend Sterne auf.

Eine ähnliche Ansammlung schimmernder Sterne wie die Milchstraße ist der Andromedanebel, den wir als hellen Fleck nahe dem Mittelstern der Andromeda fanden (Abb. 37).

Von Zeit zu Zeit fallen bei näherer Betrachtung des Sternhimmels ein oder mehrere helle »Sterne« auf, die in keiner Sternkarte verzeichnet sind. Es handelt sich dabei um **Planeten,** unsere nächsten Nachbarn im Weltall, die wie die Erde um die Sonne kreisen. Bei näherer Betrachtung durch ein Teleskop unterscheidet sich ein Planet deutlich von einem Stern, denn aufgrund seiner Nähe ist der Planet als kleines Scheibchen sichtbar, auf dem auch Oberflächendetails sichtbar sind. Sterne hingegen sind in Liebhaberteleskopen bei noch so hoher Vergrößerung nicht als Scheibchen sichtbar, da sie zu weit von uns entfernt sind.

Selbst mit den größten Teleskopen zeigen sich nur Riesensterne wie Beteigeuze oder Mira als – zugegeben winzige – kleine Scheibchen. Erst die Gene-

Abb. 40 Der Orionnebel (Foto: Bernd Koch)

ration der Großteleskope ab 8 m Spiegeldurchmesser schafft es, die teils ungleichmäßigen Oberflächen der nächsten und größten Sterne abzubilden. Das Licht der vier 8,2 m großen Teleskope der Europäischen Südsternwarte auf dem Cerro Paranal in Chile (vgl. S. 73) muss dazu zu einem effektiv 16 m großen Teleskop zusammengeführt werden. Übrigens: Die Angabe »8,2 m« bedeutet, dass der Durchmesser des Teleskops, genauer: des lichtsammelnden Spiegels 8,2 m (!) beträgt.

Die Sonnenbahnen in den verschiedenen Jahreszeiten

Ordnen wir einmal unsere Beobachtungen der Sonnenbahnen, wie wir sie in den verschiedenen Jahreszeiten an derselben Stelle der Erde machten.

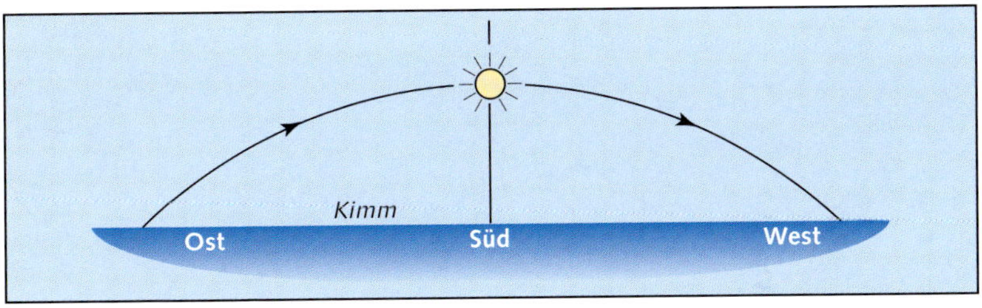

Abb. 41 Die tägliche Sonnenbahn über der Kimm nördlich des Äquators

Täglich geht die Sonne im Osten auf, etwa zwischen NO und SO, das heißt, sie erscheint über dem Horizont, wandert nach rechts (rechts für den nach Osten blickenden Beobachter auf der Nordhalbkugel der Erde) und erreicht mittags ihren höchsten Stand, um dann nachmittags weiter wandernd zu sinken, bis sie in westlicher Richtung – zwischen NW und SW – untergeht.

In Abb. 41 steht im Süden eine Linie senkrecht auf der Kimm. Diese Senkrechte, ein Teil eines Kreises auf der Himmelskugel vom Zenit zum Südpunkt, heißt **Himmelsmeridian oder Mittagslinie,** weil die Sonne bei deren Passieren ihren höchsten Stand erreicht hat und damit **Mittag** erreicht ist.

Natürlich legt sich die Sonne im Westen nicht zur Koje, sondern ihr Weg geht in demselben Sinne weiter, ohne dass wir sie sehen. Bei uns ist nun **Nacht.** Befindet sie sich im tiefsten Punkt ihres Weges, dann ist **Mitternacht.** Sie steht dann im Norden, um anschließend wieder aufzusteigen, im Osten aufgehend. Die Bahn der Sonne ist wie die aller Sterne ein Kreis, der gegen die Kimm geneigt ist und senkrecht zur Weltachse steht. Den Gesamtkreis durchläuft die Sonne in einem Tag. Wir teilen diesen Tag in 24 **Stunden** ein, jede dieser Stunden in 60 **Minuten,** jede Minute in 60 **Sekunden.** Die Zeit, in der die Sonne sichtbar ist, oder auch den Teil der Kreisbahn der Sonne, der über der Kimm steht, nennt man **Tagbogen** (Abb. 42), den Rest **Nachtbogen.** Stünde die Sonne fest an der Himmelskugel, so müsste sie bei dem täglichen Umschwung immer wieder an derselben Stelle über der Kimm aufgehen, mittags immer dieselbe höchste Höhe haben und abends immer an derselben Stelle untergehen.

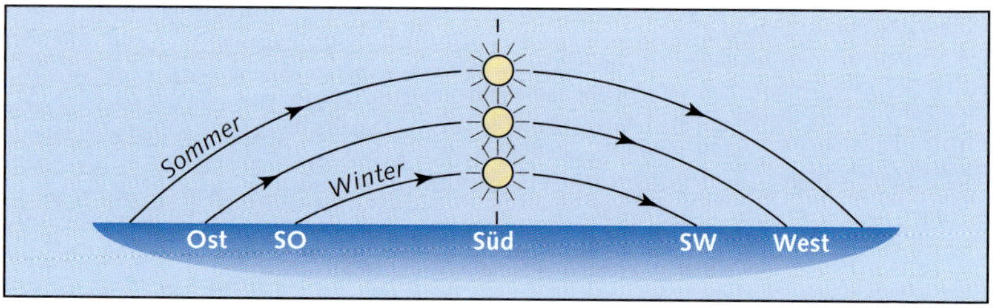

Abb. 42 Die verschiedenen Tagbogen der Sonne auf der Nordhalbkugel der Erde in verschiedenen Jahreszeiten

Das ist aber nicht der Fall. **Bei uns geht die Sonne am 22. Dezember in SO-licher Richtung auf,** der Tagbogen ist klein, nur etwa acht Stunden ist es hell, die Höhe, die die Sonne mittags erreicht, ist fast nur gleich einer Handbreite über der Kimm.

Von Tag zu Tag verschiebt sich dann aber der Aufgangspunkt der Sonne weiter nach Osten; wird die Mittagshöhe größer, wird die Tageslänge, genauer gesagt der Tagbogen, länger. **Am 21. März geht die Sonne genau im Osten auf.** Tag und Nacht sind gleich lang. Das ist der Tag der Frühlings-**Tagundnachtgleiche.**

Am 22. Juni hat die Sonne ihre nördlichste Ausgangsstelle erreicht, hat ihren längsten Tag- und ihren kürzesten Nachtbogen und die höchste mögliche Mittagshöhe. Dann ist der Tag 16 Stunden, die Nacht nur etwa acht Stunden lang. Und nun geht es wieder bergab. **Am 23. September ist erneut Tagundnachtgleiche.** Und immer südlicher liegt der Aufgangspunkt, bis die Sonne am 22. Dezember die Ausgangsstellung erreicht hat, **ein Jahr abgelaufen** ist.

Die Zeit von März bis Juni nennen wir **Frühling,** die Zeit vom 22. Juni bis zur Herbst-Tagundnachtgleiche **Sommer,** den Zeitraum bis zum 22. Dezember **Herbst** und das letzte Vierteljahr bis zur Frühlings-Tagundnachtgleiche **Winter.**

Die Erklärung für diese Ungleichheit der Tag- und Nachtbogen und das Wandern des Aufgangspunktes auf der Kimm finden wir in der Tatsache, dass die

Sonne kein fester Punkt an der Himmelskugel ist, sondern sich selbst zwischen den Sternen bewegt. Und zwar in einer Kreisbahn, die in sich geschlossen im Laufe eines Jahres durchlaufen wird, sodass sich nach einem Jahr alle Vorgänge in derselben Folge wiederholen. Diese Sonnenbahn am Himmel heißt **Ekliptik.**

Wieder ist das nur scheinbar so, eine Täuschung des Menschen, der die Erde als ruhend empfindet. Wir werden sehen, dass in Wirklichkeit die Sonne das riesige Zentralgestirn ist, um das die Erde herumlaufen muss.

Abb. 43 zeigt drei tägliche Sonnenbahnen in einer etwas anderen Darstellungsart, als wir es bisher gewohnt waren. Der Grenzkreis stellt die Himmelskugel dar (die wir von einem Standort außerhalb der Himmelskugel aus betrachten), die horizontale ovale Linie durch N und S die horizontale (waagerechte) Ebene für einen Beobachter, der sich, in der Mitte des Bildes stehend,

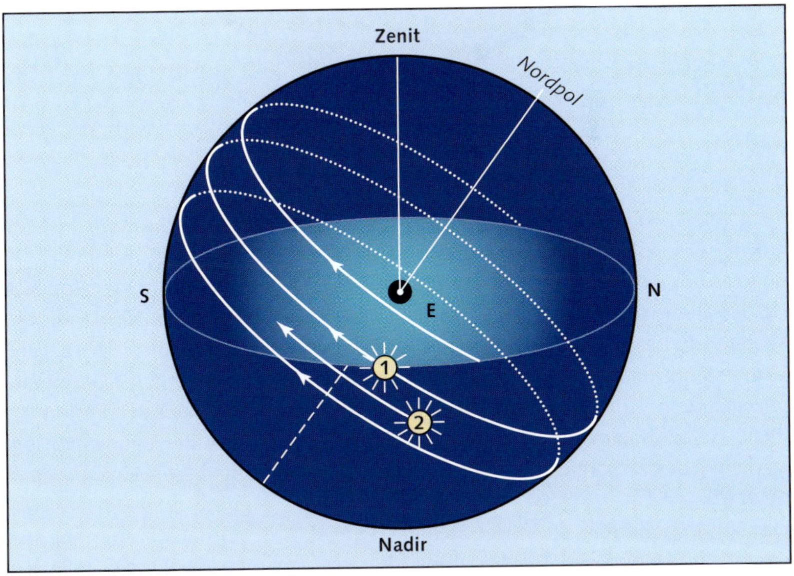

Abb. 43 Sonnenaufgänge zu zwei verschiedenen Zeitpunkten

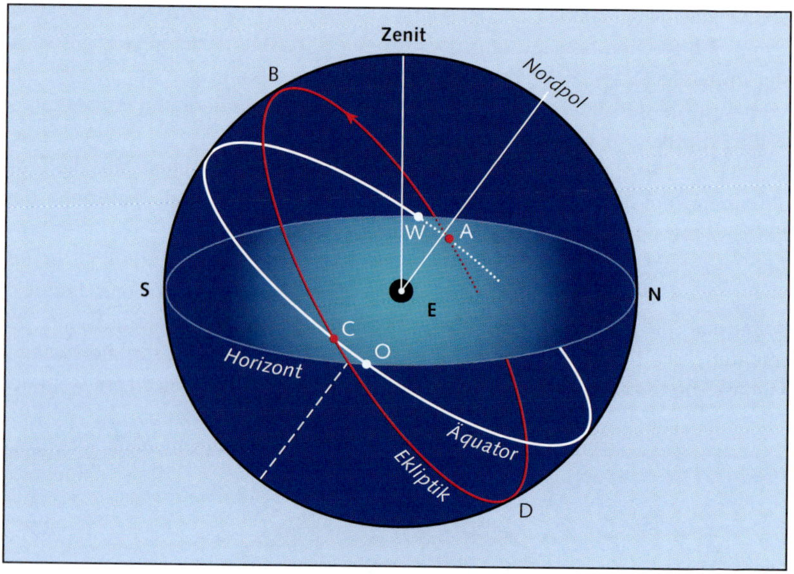

Abb. 44 Die Lage der Ekliptik (A = Frühlingspunkt, C = Herbstpunkt, B = Sommersonnenwende, D = Wintersonnenwende)

auf der Erde befindet, die hier auf einen Punkt zusammengeschrumpft ist. N und S sind der Nord- und Südpunkt. Die Linie Zenit – Nordpunkt – Südpunkt ist der Himmelsmeridian. Auf ihm liegt der Nordstern als das Nordende der Weltachse, das wir **Nordpol** nennen. Um diesen Pol vollzieht sich der tägliche Umschwung des Himmels. Senkrecht zu dieser Weltachse stehen die drei eingezeichneten Sonnenbahnen. Die Pfeilspitzen an diesen Kreisen, die uns als ovale Linien, sogenannte Ellipsen, erscheinen, geben den Bewegungssinn an, in dem sich die Sonne bei der täglichen Bewegung auf diesen Linien weiterbewegt.

Die Sonne befindet sich in der Stellung 1 in Abb. 43 in der Kimm, geht also gerade auf. Einige Zeit später steht sie nicht mehr an derselben Stelle des Himmels zwischen den Fixsternen, sondern an der Stelle 2, das heißt weiter ab vom Nordstern und gegen den Sinn der täglichen Drehung verschoben. Steigt 2 beim täglichen Umschwung der Himmelskugel höher, so wird sie in der Kimm südlicher und später auftauchen als 1. Man mache sich das an weiteren Sonnenstellungen klar.

Verbindet man alle Sonnenstellungen des Jahres am Himmel, so erhält man Abb. 44.

Dieser Kreis wird von der Sonne andersherum durchlaufen, als der tägliche Umschwung stattfindet.

Die einzelnen Tageswege der Sonne sind natürlich nicht gleich lang. Der Kreis, den die Sonne bei Frühlings- oder Herbstanfang durchläuft, ist der größtmögliche überhaupt, ein Kreis, der überall gleich weit vom Nord- und Südende der Weltachse – Nordpol und Südpol – entfernt ist. Wir nennen ihn **Himmelsäquator.** Dieser Himmelsäquator schneidet den Horizont in zwei Punkten: Ostpunkt und Westpunkt.

Gegen diesen Äquator ist die Ekliptik um 23,5° geneigt. Die Sonne steht also im Äquator in den Stellungen A und C in Abb. 44. Dann ist **Frühlings- und Herbstanfang.**

Ihre größte Abweichung vom Äquator tritt ein in den Punkten B und D. In B steht die Sonne bei **Sommeranfang,** in D bei **Winteranfang.**

Zeichnen wir zur Übung die tägliche Bahn der Sonne bei Sommer- und Winteranfang in die Abbildung ein, dann bestätigt sich, dass zum Beispiel bei Sommeranfang die Sonne ungefähr im NO aufgeht, die größtmögliche Mittagshöhe über dem Horizont erreicht usw. Je mehr wir uns mit dieser Zeichnung beschäftigen, um so eher werden wir Klarheit in diesen Begriffen bekommen. Die Punkte B und D nennen wir **Sonnenwendpunkte** und sprechen von einer **Sommersonnenwende** und **Wintersonnenwende,** weil die Sonne in diesem Punkt gewissermaßen die Tendenz vom Äquator weg mit der Tendenz zum Äquator hin vertauscht, sich hier also wieder zum Äquator hinwendet: entscheidende Augenblicke für das Leben auf der Erde. Wintersonnenwende und Sommersonnenwende sind daher alte Feste der Menschen.

Bitte noch einmal klarmachen: Die Sonne wandert selbst zwischen den Sternen, während sie von der täglichen Drehung mitgenommen wird. Sie führt also zweierlei Bewegungen gleichzeitig aus: die jährliche zwischen den Sternen und die tägliche um die Weltachse mit allen Sternen zusammen.

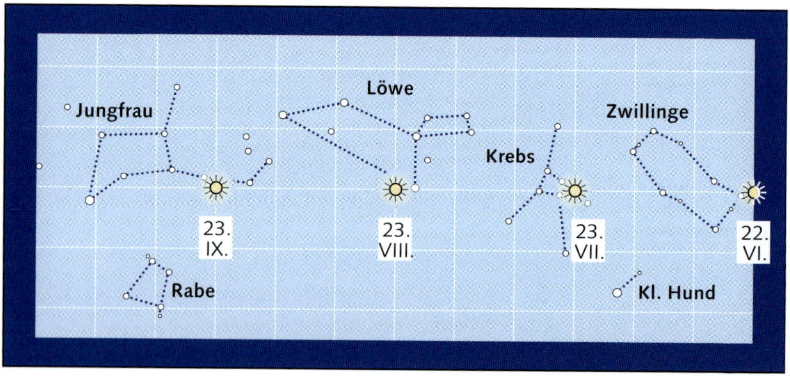

Der Betrag der Wanderung zwischen den Sternen an jedem Tag ist nicht sehr groß, wie wir leicht ausrechnen: Der ganze Himmel wird umlaufen in einem Jahr, also in 365 Tagen. An jedem Tag kann es sich also nur um ungefähr ein Grad handeln, das heißt nach unserem rohen Messverfahren um eine halbe Fingerbreite. Das fällt uns in der Lage der Himmels-Sternbilder von Tag zu Tag noch nicht auf, aber von Monat zu Monat, von Vierteljahr zu Vierteljahr

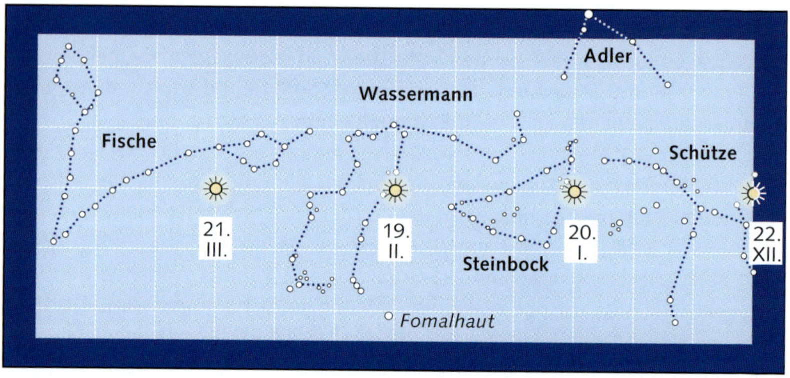

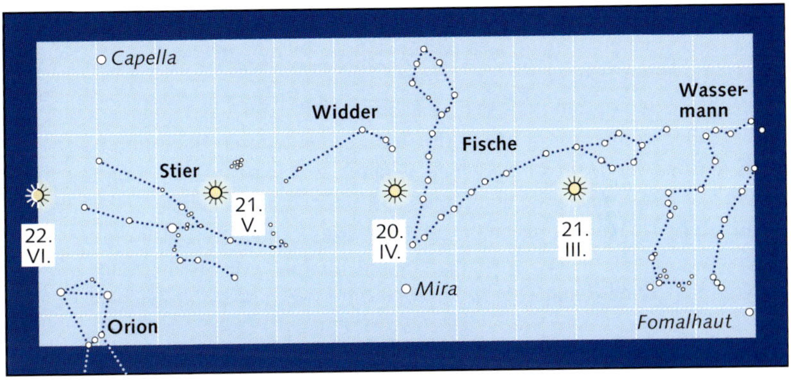

wird es spürbar. Steht die Sonne zum Beispiel im Sternbild des Stiers, in der Nähe der Plejaden, dann können wir dies Sternbild und seine Umgebung wegen der strahlenden Sonnenhelle nicht sehen. Sehr gut machen wir jedoch die diesem Sternbild am Himmel gerade gegen überliegenden Sterne aus, die beim täglichen Umschwung des Sternhimmels dann nachts sichtbar werden. Wandert die Sonne, so werden mit ihr also immer andere Sternbilder unsicht-

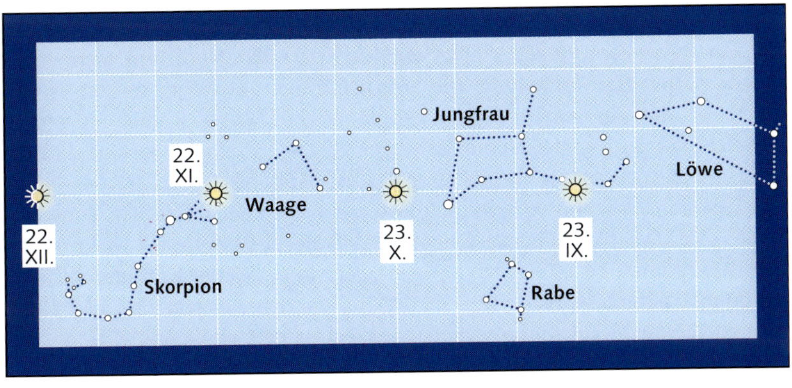

bar, immer andere wieder sichtbar. So kommt es, dass beispielsweise der Orion ein ausgesprochenes Wintersternbild ist und wieder andere nur im Sommer gesehen werden können.
Die Sternbilder, durch die sich die Sonne im Laufe des Jahres hindurchbewegt, liegen alle um den Äquator herum. Es gehören dazu unter anderem auch die uns schon bekannten wie Widder, Zwillinge, Löwe, Jungfrau, nach denen wir also umgekehrt auch den sichtbaren Teil der Ekliptik jederzeit festlegen können. Die Ekliptik heißt auch **Tierkreis** (Zodiakus), weil die durchlaufenen Sternbilder meist Tiernamen haben. In folgender Reihenfolge werden sie von der Sonne durchlaufen (daneben die astronomischen Zeichen):

Widder	♈	Waage	♎
Stier	♉	Skorpion	♍
Zwillinge	♓	Schütze	♐
Krebs	♋	Steinbock	♑
Löwe	♌	Wassermann	♒
Jungfrau	♏	Fische	♊

Siehe dazu auch die Abbildungen auf Seite 46/47.

Änderung mit der Breite

Auf der Reise nach Süden stellen wir fest, dass der Nordstern nicht mehr so hoch über der Kimm steht wie hierzulande; die Polhöhe, so können wir sagen, ist mit der abnehmenden geographischen Breite kleiner geworden. Zugleich damit muss der Himmelsäquator gestiegen sein; in der Tat sind die täglichen Bahnen der Sterne steiler geworden (Abb. 45).
Wir können nun schon voraussagen, wie das Bild in der tropischen Zone ausfallen wird: Der Nordstern und damit das Ende der Weltachse rückt immer weiter zur Kimm, bis schließlich der Nordstern in der Kimm liegt und mit dem Nordpunkt zusammenfällt (Abb. 46). Dann werden Äquator und alle Sternbahnen senkrecht zur Kimm stehen. Senkrecht steigt die Sonne auf, im oder nahe dem Scheitelpunkt erreicht sie ihren höchsten Punkt: Sie **kulminiert,** wie

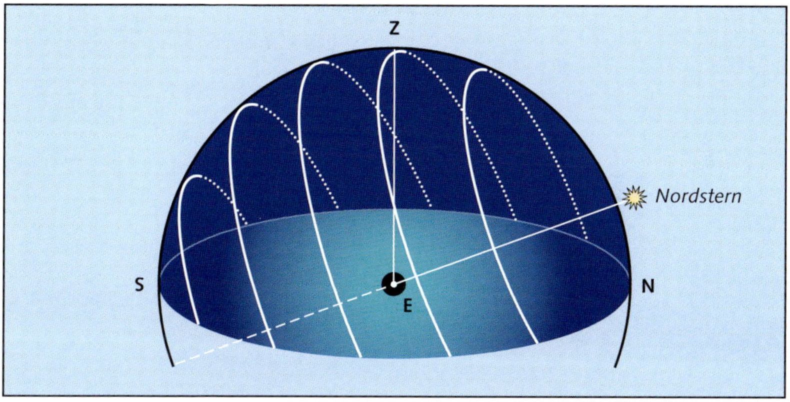

Abb. 45 Die täglichen Bahnen der Sterne auf 20° nördlicher Breite

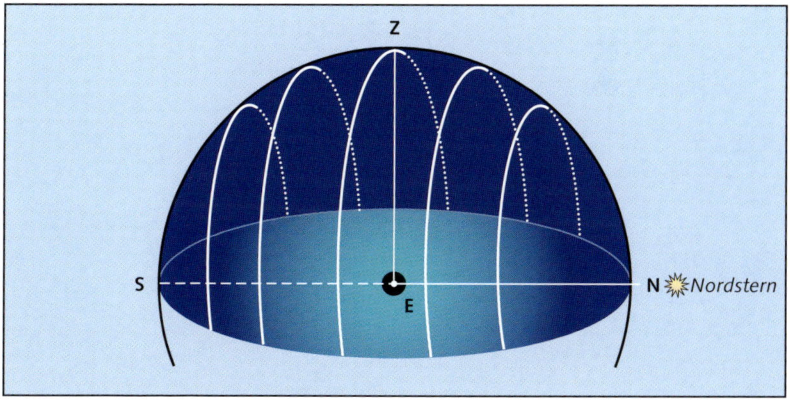

Abb. 46 Die täglichen Bahnen der Sterne am Äquator

man auch sagt. Ebenso steil steigt sie wieder zur Kimm hinab. Tag- und Nachtbogen sind gleich lang. Punkt 6 Uhr geht die Sonne auf, Punkt 6 Uhr

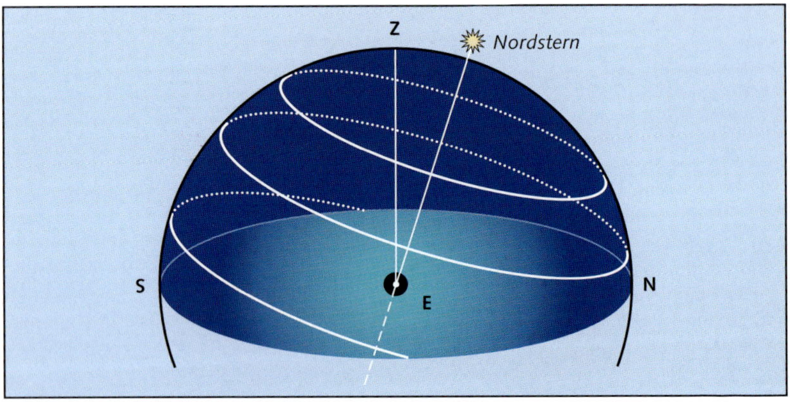

Abb. 47 Nahe dem Nordpol

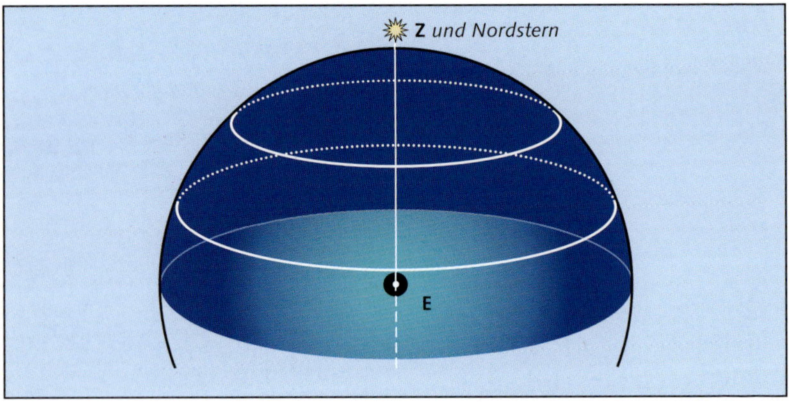

Abb. 48 Am Nordpol

geht sie unter. Der Übergang von Tag zu Nacht ist kurz, da die Sonne sich schräg herabsinkend nicht lange in der Nähe der Kimm aufhält.

Abb. 49 Mitternachtssonne zur Sommersonnenwende am Nordkap (Foto: Barbara Koch)

Nun gibt es auch keine Zirkumpolarsterne mehr, alle Sterne müssen auf- und untergehen. Aber je weiter wir nach Süden kommen, desto mehr Sternbilder werden wir kennenlernen, die dort sichtbar werden.
Ganz anders, wenn wir weiter nach Norden, nach Narvik etwa oder weiter nach Spitzbergen, also dem Erdnordpol entgegenfahren. Immer mehr rückt der Nordstern in den Scheitel des Himmelsgewölbes (Abb. 47), immer flacher werden die Sternenbahnen, immer mehr Sterne werden zirkumpolar, immer größer die Tagbogen im Vergleich zu den Nachtbogen und umgekehrt.
Bei Spitzbergen ist der Nordstern dem Zenit schon recht nahe, **am Nordpol selbst aber fallen Nordstern und Zenit zusammen** (Abb. 48). Stets im gleichen Abstand von der Kimm ziehen die Sterne, niemals untergehend.

Schon am Nordkap können wir erleben, dass die Sonne auch um Mitternacht noch am Himmel steht: Der Tag dauert 24 Stunden! Das ist im Sommer der Fall. Abb. 49 zeigt die Mitternachtssonne am Nordkap.
Im Winter dagegen, im Dezember zum Beispiel, erscheint die Sonne überhaupt nicht mehr über der Kimm, auch im Süden nicht. Es tritt lange Nacht ein, die am Pol, wie man nun selbst weiterüberlegen kann, ein halbes Jahr dauern muss.
Der hier beobachtete **Zusammenhang zwischen Höhe des Nordsterns über der Kimm und der geographischen Breite des Schiffsortes** lässt uns schon ahnen, dass die Sterne der Schiffsortbestimmung nutzbar gemacht werden können.

Bewegt sich der Himmel wirklich?

An einer Himmelskugel stehen die Fixsterne wie feste Marken, und diese Kugel mit ihren Sternen dreht sich vor unseren Augen um die Weltachse, in einem Tag eine Umdrehung vollendend.
Bewegt sich aber der Himmel tatsächlich? Oder unterliegen wir einer Täuschung, wie gelegentlich auf dem Bahnhof: Wir schauen zum Fenster des neben uns auf dem anderen Bahnsteig stehenden Zuges und meinen, dass dieser sich rückwärts in Bewegung setzt, während in Wirklichkeit unser Zug anfährt und der andere immer noch stillsteht. Und am Fenster des InterCity-Express scheint die Landschaft an uns vorbeizurasen, während doch in Wahrheit wir an ihr vorbeirasen.
Beides sieht für uns gleich aus, wie auch alle Erscheinungen am Himmel ebenso aussehen würden, wenn er feststünde und die Erde sich im entgegengesetzten Sinne, also von West nach Ost um ihre Achse drehte.
Was ist nun wirklich? Kann man entscheiden, welche von beiden Vorstellungen stimmt?
Das können wir heute. **Wir können nachweisen, dass die Erde sich dreht.** Kreiselkompass wie Ablenkung der Winde beweisen es. Ich werde später davon erzählen.

Wenn aber die Erde sich dreht, von West nach Ost, das heißt entgegen dem Uhrzeigersinn, dann muss die Sonne im Osten aufgehen und der ganze Tageslauf so eintreten, wie wir ihn beobachteten. Machen wir uns das genau klar!
Je weiter der Ort A in Abb. 50 kommt, desto steiler wird der Sonnenstrahl die Erde treffen. Schließlich wird es Mittag werden, während in B zur gleichen Zeit schon Abend ist. Einige Zeit später wird in A Abend sein, während in B bereits die Nacht eingetreten ist. Neue Gegenden der Erde werden im Strahl der aufgehenden Sonne den Tag beginnen.
Wenn wir uns die Zeitbegriffe klarmachen, kommen wir auf diese Beobachtungen zurück.
Bewegt sich dann etwa die Sonne auf der Ekliptik auch nur scheinbar, nicht wirklich?
Ja, auch hierin lassen wir uns durch den Augenschein täuschen! **In Wahrheit bewegt sich die Erde in einer großen Bahn um die Sonne.** Von ihren Bewegungsgesetzen werden wir noch ausführlicher reden müssen.

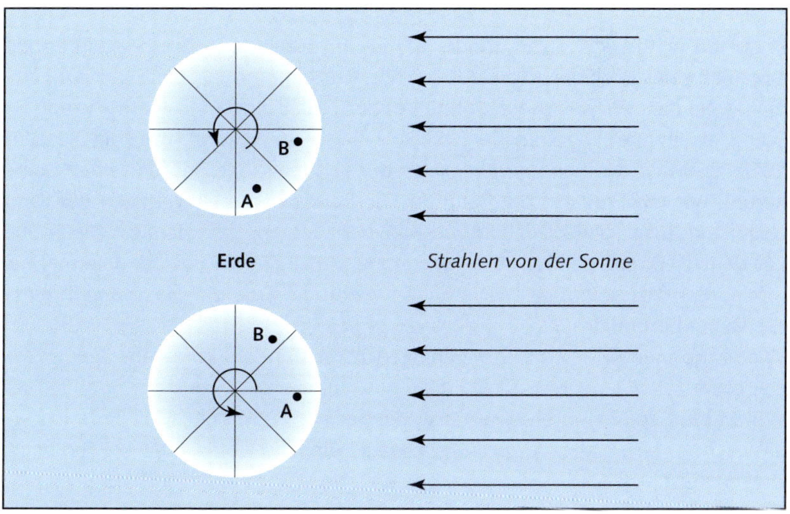

Abb. 50 Die Erde dreht sich um die Sonne.

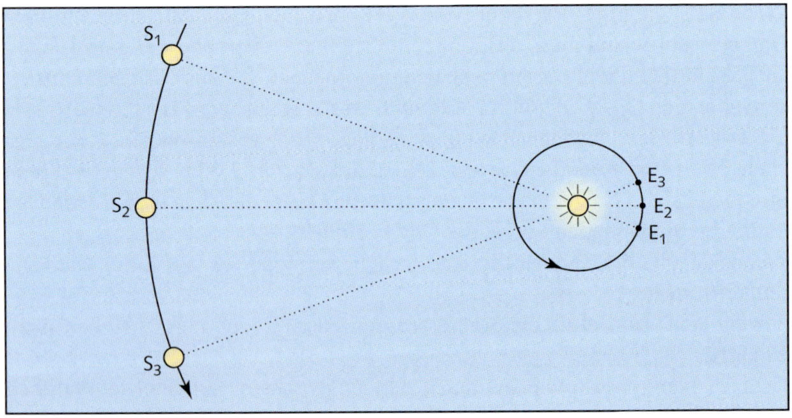

Abb. 51 Während die Erde sich um die Sonne bewegt, scheint die Sonne sich in demselben Sinne an der Himmelskugel zu bewegen.

Es stellen in Abb. 51 S die Sonne, E1, E2, E3 die Erde in drei Stellungen auf ihrer Bahn um die Sonne sowie die große Kreisumrandung der Figur die Himmelskugel dar. Wir sehen die Sonne bei der Erdstellung E1 in der Richtung E–S an der Himmelskugel an der Stelle S1, in E2 an S2 und in E3 an S3. Das heißt: Das Bild der Sonne wandert an der Himmelskugel in demselben Sinne herum, wie die Erde auf der Bahn um die Sonne herumläuft, gegen den Uhrzeigersinn. Was folgt? Das Bild, das wir beobachten, dass nämlich die Sonne auf dem Tierkreis, der Ekliptik, gegen den Uhrzeigersinn um den Himmel herumlaufe, ist dasselbe, das wir erhalten, wenn die Erde um die Sonne in einer Kreisbahn herumläuft.

Wieder können wir beide Vorstellungen nicht ohne weiteres abwägen. Welche gilt?

Wir werden später hören, wie riesig die Sonne im Vergleich zur Erde ist, sodass schon darum die Vorstellung, dass sie um die kleine Erde kreisen solle, lächerlich ist.

Die Sonne ist das Zentralgestirn, um das die Erde kreist. Abb. 52 zeigt die einzelnen Stellungen von Sonne und Erde in den verschiedenen Jahreszeiten.

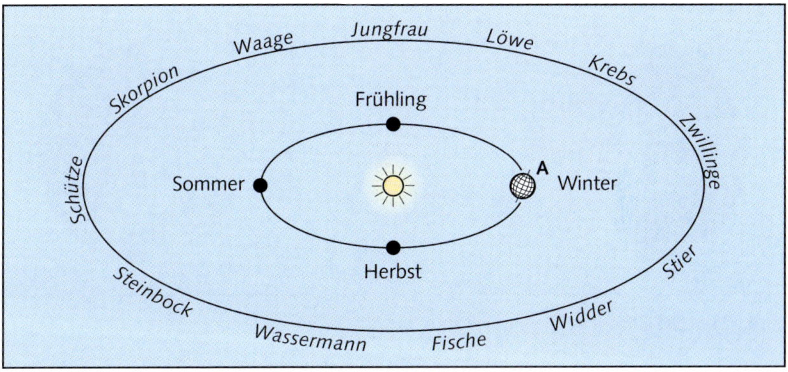

Abb. 52 Wahre Erdbahn und scheinbare Sonnenbahn

Steht die Erde am 1. Januar in A, dann sehen wir die Sonne im Sternbild des Schützen. Und so weiter, wie man der Abbildung entnehmen kann.
So sieht also die Sache in Wirklichkeit aus. Steht die Sonne im Schützen, dann überstrahlt sie alles in der Nähe; wir sehen also dies Sternbild nicht, es müsste dann schon eine Verdunkelung der Sonne, eine Sonnenfinsternis, eintreten. Dann könnten wir unsere Behauptung kontrollieren. Sobald es jedoch Nacht wird, das heißt, wenn sich die Erde um ihre Achse so weit gedreht hat, dass wir das Sonnenlicht nicht mehr erhalten, wir also auf der der Sonne abgewandten Seite der Erdkugel sind, sehen wir die der Sonne gegenüberliegenden Sternbilder wie den Orion und seine Nachbarn.
In der Abb. 50 haben wir so getan, als wenn die Sonnenstrahlen senkrecht zur Erdachse auffallen. Das gilt in Wirklichkeit aber nicht für jeden Ort der Erde. Wenn das nämlich so wäre, würde es keinen Unterschied zwischen Sommer und Winter geben, würden überall auf der Erde zu jeder Jahreszeit die Tage gleich lang, ebenso lang wie die Nächte sein.
Tatsächlich steht die Achse der Erde gegen die eintreffenden Sonnenstrahlen geneigt. Und zwar um 23,5° (Abb. 53). Die Erde behält als ein Körper, der sich um seine Achse dreht (wir nennen solche Körper **Kreisel**), die Richtung seiner Achse im Raum bei. Das Nordende der Achse zeigt eben beim

Abb. 53 Die Erde im Strahl der Sonne am 21. Juni und am 21. Dezember

Umlauf um die Sonne immer in dieselbe Richtung des Weltraums, nämlich zum Polarstern. Man kommt dann zu dem Schluss, dass zu einer Zeit des Jahres die Nordhalbkugel, zu einer anderen die Südhalbkugel der Sonne zugeneigt ist, dass also im ersten Falle - für dieses Gebiet ist dann Sommer - die Nordhalbkugel lange, die Südhalbkugel kurze Tage hat.

Nun ist aber die Sonne die Energielieferantin, die Lebensspenderin unserer Erde. Ihre Strahlung ist - wir erleben es täglich - umso wirksamer, je länger sie einwirken kann und je steiler sie eintrifft.

Wenn wir diese Tatsachen zugrunde legen, können wir uns wohl selbst den Unterschied zwischen Sommer und Winter für die Lebensbedingungen eines Ortes auf der Erde erklären und die großen Klimaunterschiede zwischen tropischer und gemäßigter Zone verstehen.

Man entwerfe dazu eine Zeichnung der Erdbahn wie in Abb. 52 und zeichne an verschiedenen Stellen der Erdbahn Erden ein, aber immer die Achse parallel zu der Achse, wie sie für den 1. Januar in A angedeutet ist.

Dass die Erdachse zu sich selbst parallel bleibt, ist durch lange Beobachtungsreihen gesichert. Freilich müssen wir hier von der so genannten Präzessionsbewegung des Kreisels Erde absehen, die in 25 850 Jahren das Nordende der Weltachse einen Kreis am Himmel beschreiben lässt, weil die Sonne die abgeplattete Erde wieder senkrecht zur Bewegungsebene der Ekliptik stellen möchte (durch ihre Anziehungskraft). Diese Bewegung wird erst in langen Zeiträumen spürbar. Wir können sie vernachlässigen. Sie ist übrigens der Grund, **warum der Frühlingspunkt auch Widderpunkt heißt, obgleich er gar nicht im Sternbild Widder liegt.** Er befand sich dort vor 2000 Jahren, als die Griechen ihn so tauften.

Beobachtungen am Mond

Wenn der Mond den Himmel beherrscht, der auffälligste Wanderer am Sternhimmel, überstrahlt er die vielen lichtschwächeren Sterne; nur die helleren können sich noch gegen ihn durchsetzen.
Wanderer nannte ich den Mond. Ich habe schon betont, dass die Sternbilder in ewig unveränderlicher Anordnung am Himmel stehen, als seien sie festgenagelt. **Fest- oder Fixsterne** werden sie genannt. Einige wenige Gestirne aber sind keine Fixsterne, sondern Wanderer zwischen ihnen, die Fixsterne durch ihre Helligkeit oft weit übertreffend, wie der Abend- oder der Morgenstern. Es sind die **Wandelsterne oder Planeten.**
Unter ihnen ist der Mond der rascheste Wanderer. Seine Wanderung können wir schon im Laufe einer Nacht feststellen. Merken wir uns seine Stellung zu einem nahen Fixstern und sehen wir nach zwei Stunden wieder hin: Er ist um fast zwei Vollmondbreiten weitergewandert, und zwar in der Richtung West-Ost gegen den täglichen Umlaufsinn der Gestirne.
Auf dieser Wanderung kommt es öfter zu **Sternbedeckungen,** das heißt, der Mond verdeckt einen Stern, den wir eben noch sahen. **Diese Sternbedeckungen sind ein reizvolles Himmelsschauspiel,** besonders, wenn man im Feldstecher beobachtet, wie die Mondkugel sich langsam auf den Stern zubewegt und ihn dann im Augenblick der Berührung schlagartig auslöscht. Die jährlich erscheinenden Jahrbücher für Sternfreunde machen auf derartige Ereignisse stets aufmerksam.
Verfolgen wir den Mond Nacht für Nacht, so steht er, sich immer weiter nach Osten verschiebend, bei immer anderen Sternbildern des Tierkreises, und nach etwa 27 Tagen ist er wieder bei demselben Fixstern angelangt, hat einen Umlauf am Himmel vollendet. Hier verfolgen wir den Kreisweg unter den

Abb. 54 Die Mondphasen im Laufe eines Monats (Foto: Bernd Koch)

Sternen viel leichter als bei der Sonne, weil die Helligkeit des Mondes nicht ausreicht, alle Sterne seiner Umgebung völlig unsichtbar zu machen.

Bei diesem Umlauf wandelt sich das Bild des Mondes: von der schmalen Sichel bis zur Vollmondscheibe, um dann wieder abnehmend zu immer schmalerer, jetzt anders gekrümmter Sichel zu werden, bis die Nächte eintreten, in denen überhaupt kein Mond zu sehen ist.

Was beobachten wir nun im Laufe eines Mondumlaufes, eines Monats?

Die schmale Sichel des aufgehenden Mondes erscheint in Kimmnähe kurz nach Sonnenuntergang. Sie ist nach rechts gekrümmt (Abb. 54). Denken wir daran, dass wir da eine von der Seite beleuchtete Mond*kugel* vor uns haben, und überlegen nun, wo der Beleuchter stehen muss, der eine Kugel derartig beleuchtet.

Die Sichel wird von Tag zu Tag voller, sie steht immer höher und weiter von der Sonne ab, wenn es dunkel wird; es dauert schon mehrere Stunden, bis der Mond der untergehenden Sonne folgt. **Nach sieben Tagen ist das erste Viertel erreicht,** ein halbkreisförmiges Mondbild, das sechs Stunden nach der Sonne untergeht und natürlich vormittags sechs Stunden später über der Ostkimm aufgeht.

Nach insgesamt 14 Tagen ist die volle Scheibe des Vollmondes erreicht. Der Vollmond geht auf, wenn die Sonne untergeht. Die Scheibe des Mondes ist ebenso groß wie die der Sonne, wenn wir sie durch ein starkes Blendglas betrachten. (Nie ohne Blendglas in die Sonne schauen!) Ihr Durchmesser ist etwa $1/2°$, das heißt $1/4$ Fingerbreite nach der rohen Messmethode.

In den folgenden Nächten nimmt die Mondscheibe wieder ab, aber jetzt fehlt

Abb. 55 Das aschgraue Mondlicht drei Tage nach Neumond (Foto: Bernd Koch)

ein Teil auf der anderen Seite, der Bogen scheint der Anfang des Buchstabens A von Abnehmen zu sein. **Nach sieben Tagen ist wieder ein Halbmond zu beobachten, das letzte Viertel.** Immer später geht dabei der Mond auf, zur Zeit des letzten Viertels erst um Mitternacht, und schließlich bleibt eine schmale Sichel, die nur noch am Morgenhimmel sichtbar wird.

Es liegt der volle, das heißt der beleuchtete Rand vor Vollmond also rechts, nach Vollmond links.

Der beleuchtete Rand ist der Sonne zugekehrt. Diese Mondphasen sind der beste Beweis für die Kugelgestalt des Mondes. Wenn wir das Glas auf den Mond richten – besonders im ersten und letzten Viertel –, dann sehen wir auch plastisch die Krümmung des Mondkörpers.

Bei schmaler Sichel beobachten wir oft noch etwas recht Eigentümliches: Wir sehen neben der Sichel – etwas kleiner – den ganzen Mond, fahl dämmernd, wie es Abb. 55 zeigt. **Was bedeutet dieses so genannte aschgraue Mondlicht?**

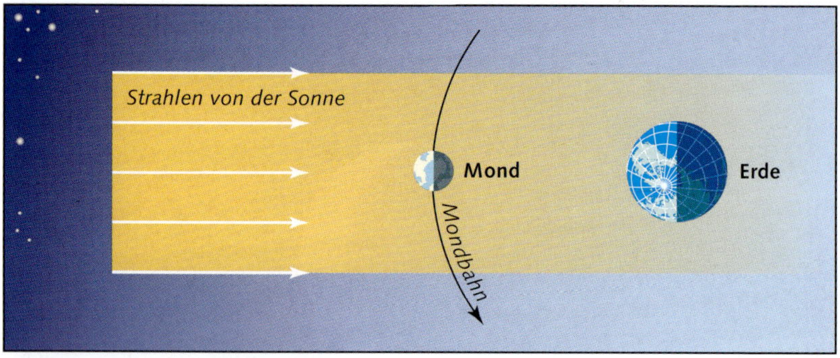

Abb. 56 Erklärung der Mondphasen

Das ist eine Beleuchtung, die der Mond als Rückstrahlung von der Erde erhält, die um diese Zeit auf der dem Mond zugekehrten Seite voll von der Sonne beleuchtet ist. Dass die Sichel uns oft etwas größer erscheint als die Scheibe, ist eine Folge der Überstrahlung durch den helleren Körper.

Hören wir, wie die Mondphasen zustande kommen. Der Mond ist ebenso wie die Erde kein selbst leuchtender, glühender Ball wie die Sonne, sondern kalt und starr. Er wird - wie die Erde - von der Sonne beleuchtet, die ihre Strahlen in den Weltraum hinaussendet. Der Mond beschreibt scheinbar eine Kreisbahn am Himmel. Im Wirklichkeit ist es wieder so, dass der kleine Himmelskörper eine solche um die Erde beschreibt. Wenn der Mond nun auf seiner Wanderung um die Erde zwischen Erde und Sonne steht (Abb. 56), dann wendet er uns seine unbeleuchtete Seite zu; wir sehen ihn nicht, er geht auch für uns gleichzeitig mit der Sonne unter. Wenn er weiterwandernd in die Lagen 2, 3, 4 in Abb. 57 kommt, ergeben sich der Reihe nach die Mondphasenbilder: bei 2 das erste Viertel, bei 3 Vollmond, bei 4 letztes Viertel.

Dabei dürfen Sonne, Mond und Erde allerdings nicht genau in eine Linie geraten, die Körper stünden sich dann im Licht.

Das kommt vor! Diese Finsternisse gehören zu den reizvollsten Beobachtungen, die wir am Himmel machen können. Was kann passieren?

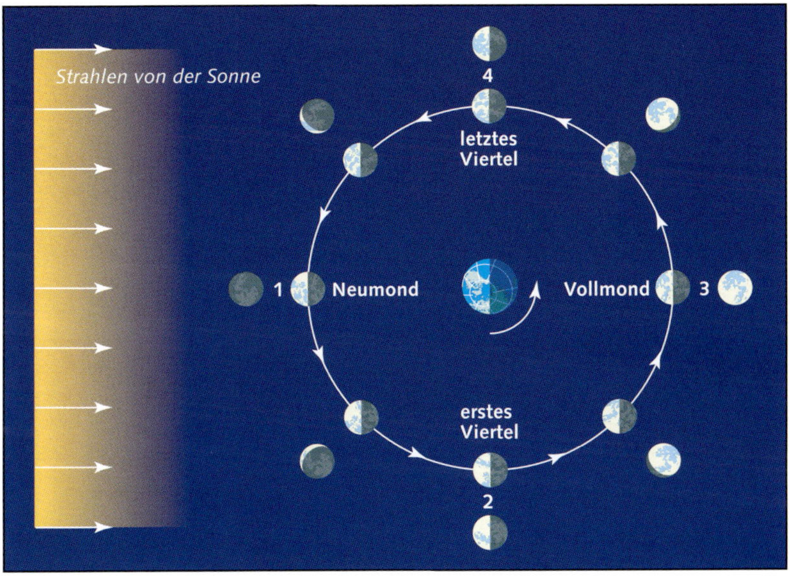

Abb. 57 Die Mondphasen

Mond steht zwischen Sonne und Erde

Hinter dem Mond entsteht ein Schattenraum, innerhalb dessen man die Sonne nicht sehen kann. Wenn ein Ort der Erde in diesen Schattenkegel fällt, ist die Sonne für diesen Ort nicht zu sehen. Wir erleben eine **Sonnenfinsternis** (Abb. 58, 59 und 93). Eine Sonnenfinsternis kann bei der Kleinheit des Mondschattens nur auf einem kleinen Teil der Erdoberfläche beobachtet werden und nur zur Zeit des Neumondes eintreten.

Erde steht zwischen Sonne und Mond

Sehr viel größer aber ist der Erdschatten. Darin kann der Mond für unsere Augen für eine ganze Zeit verschwinden. Wir erleben eine **Mondfinsternis,**

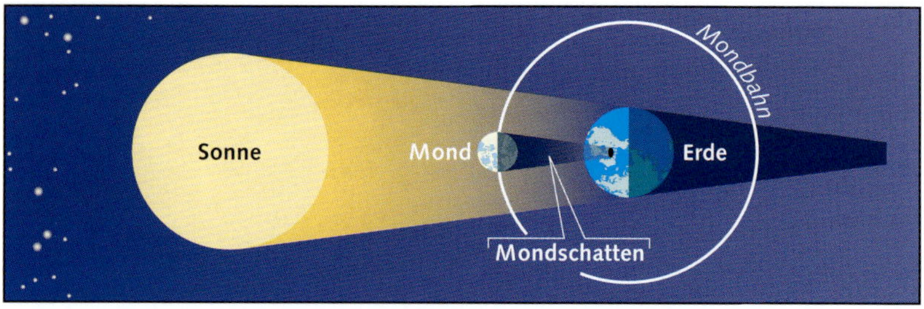

Abb. 58 Entstehung einer Sonnenfinsternis

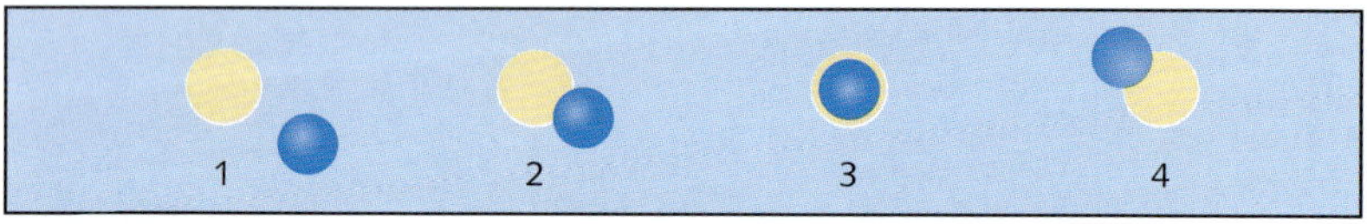

Abb. 59 Vorübergang des Mondes vor der Sonne bei einer Sonnenfinsternis

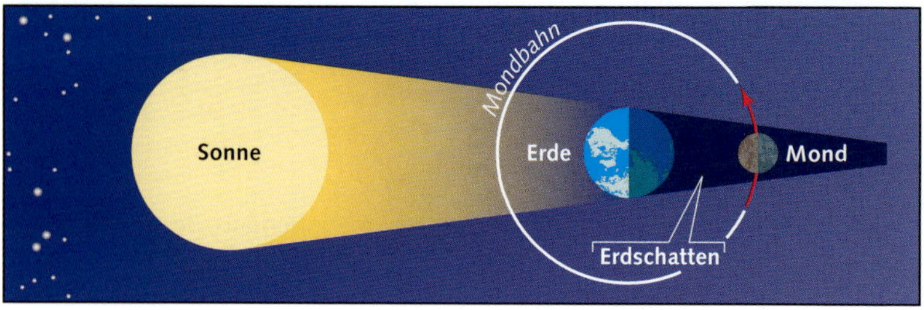

Abb. 60 Entstehung einer Mondfinsternis

der Mond verschwindet für uns im Erdschatten (Abb. 60, 61 und 62). Mondfinsternis tritt also nur bei Vollmond ein, freilich nur dann, wenn Erde, Sonne und Mond in einer Ebene liegen, das heißt, wenn auch der Mond sich *in* der Ekliptik befindet. Die Mondbahn bildet einen kleinen Winkel mit der Ekliptik, schneidet diese in zwei Punkten. Wenn der Mond gerade in diesen Schnitt-

Abb. 61 Durchgang des Mondes durch den Erdschatten bei einer Mondfinsternis

punkten steht, kann die beschriebene Finsternis eintreten und auf der ganzen Erdhalbkugel gesehen werden, auf die er gerade scheint.
Genau genommen entsteht hinter der Erde auch ein so genannter **Halbschatten,** wie es Abb. 63 zeigt. Im Halbschatten ist der Vollmond aber so wenig abgeschwächt, dass dies kaum auffällt.
Wohl niemand kann sich dem Charme einer totalen Mondfinsternis entziehen. Tritt der gleißend helle Vollmond in den Kernschatten der Erde ein, verfärbt er sich rötlich. Doch so richtig dunkel wird er im Sinne des Wortes »Finsternis« nicht. Und das hat seinen guten Grund. Aus Sicht des Mondes steht die Erde genau vor der Sonne und blendet sie aus. Doch da die Erde von einer Atmosphäre umgeben ist, sieht man - vom Mond aus - einen hellen Licht-

Abb. 62 Totale Mondfinsternis am 9.11.2003 (Foto: Bernd Koch)

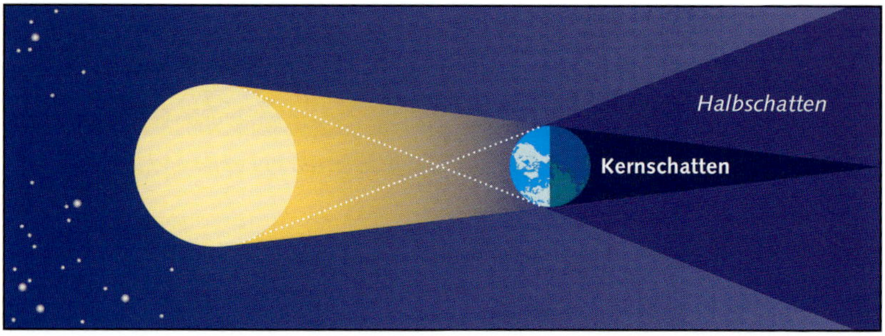

Abb. 63 Kern- und Halbschatten bei einer Mondfinsternis

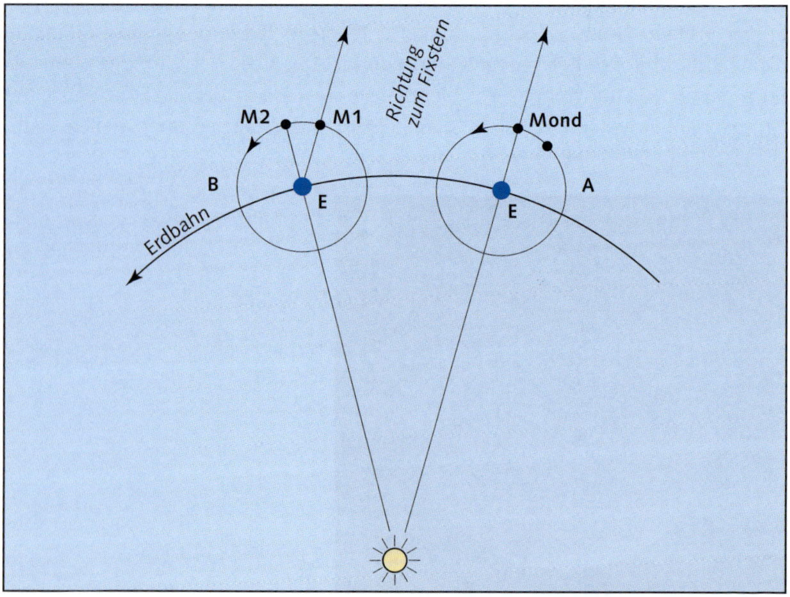

Abb. 64 Monat

kranz um die Erde. Licht wird - von der Sonne kommend - in der Erdatmosphäre in Richtung Mond abgelenkt und hellt ihn auf.
Doch warum ist der verfinsterte Mond dann nicht weißlich leuchtend wie bei einem normalen Vollmond? Hier kommt als zweiter Effekt die Wellenlängen abhängige Lichtstreuung zum Tragen. Blaues Licht wird 16 Mal stärker in der Erdatmosphäre gestreut als rotes Licht. Während also der blaue Anteil des Sonnenlichts auf dem Weg durch die Erdatmosphäre in Richtung Mond überallhin gestreut wird, kann das rote Licht weithin unabgeschwächt die Erdatmosphäre durchdringen und bei einer totalen Mondfinsternis den Vollmond rötlich aufleuchten lassen. Doch auch das blaue Licht geht schließlich nicht »verloren«, färbt es einen wolkenlosen, klaren Himmel doch so richtig schön himmelblau
Oft streift ein Gestirn nur den Schatten des anderen, es entstehen **partielle (teilweise) Verfinsterungen,** die zu beobachten sehr reizvoll ist. Von der Sonnenscheibe bleibt bei einer solchen partiellen Sonnenfinsternis lediglich eine Sichel sichtbar. Die Tageshelligkeit sinkt merklich ab, aber es bleibt hell. Man beobachte das Bild der Sonne dann durch eine spezielle Sonnenfinsternisbrille, wie sie im Astrofachhandel erworben werden kann (die Internet-Adressen einiger Bezugsquellen finden Sie auf Seite 194) und verfolge das Vorbeigleiten der Schattenscheibe. (Man beachte auch die Schatten von Bäumen und die darin spielenden Abbildungen der Sonne, die sonst Kreisform, jetzt Sichelform haben.)
Die Zeit von einem Vollmond bis zum nächsten oder, allgemeiner, von einer bestimmten Mondphase bis zum Wiedereintreten derselben Phase hat dem Menschen schon lange als Zeitmaß gedient: Er nennt sie einen **Monat.** Diese Zeit ist nicht gleich jener, in der der Mond wieder bei demselben Fixstern steht. Sie beträgt nur 27 Tage, aber in dieser Zeit hat sich ja auch die Sonne um 27 Mal einen Tagesweg weiterbewegt. Um diesen Betrag muss der Mond noch weiterwandern, ehe er wieder in dieselbe Stellung zur Sonne gelangt ist. In Abb. 64 stellt A die Stelle dar, in der man von der Erde E aus den Mond M in der Richtung nach einem bestimmten unendlich weit entfernten Fixstern sieht. In 27 Tagen hat die Erde den Ort B erreicht, und M ist nun so weit auf seiner Kreisbahn herum, dass wir ihn wieder in der Richtung des Fixsterns sehen (Stellung M1). Aber erst in der Stellung M2 kommt er wieder in Voll-

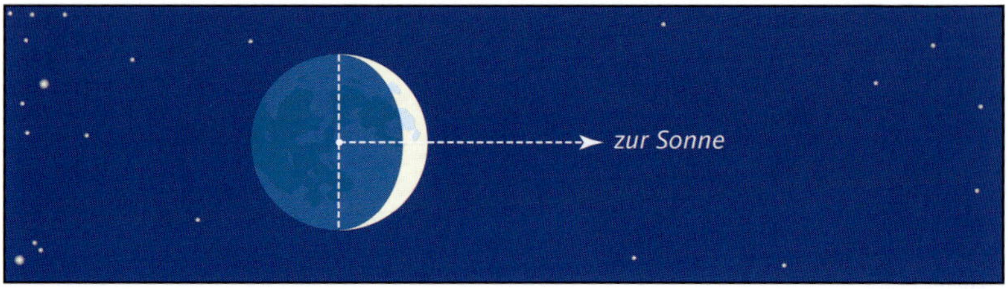

Abb. 65 Die Mondsichel

mondstellung, das heißt in dieselbe Stellung zur Sonne. Er musste noch volle zwei Tage weiterlaufen. Ein Monat ist also rund 29 Tage lang.

Noch eins fällt uns auf, wenn wir zurückdenken: In Sommernächten steht der Mond tief, in Winternächten aber recht hoch über der Kimm, wenn wir ihn im Süden, das heißt in der Kulmination beobachten. **Der Mond bewegt sich in fast derselben Ebene wie die Sonne, in der Tierkreisebene.** Man verfolge den Vorübergang des Mondes an den verschiedenen Sternbildern: Es sind tatsächlich die Tierkreissternbilder, die er durchläuft.

Bei Vollmond steht der Mond der Sonne gegenüber - also immer dort, wo die Sonne ein halbes Jahr vorher stand, bei Vollmond im Winter da, wo die Sonne im Sommer bei der Kulmination stand, hoch über der Kimm.

Noch ein Wort über die Lage der Sichel. Aus der Tatsache, dass der Mond sein Licht von der Sonne erhält, folgt, dass die Verbindungslinie der Hörner immer senkrecht zur Richtung Sonne-Mond angeordnet sein muss (Abb. 65). Daher steht die Mondsichel in unseren Breiten im Frühling zum Beispiel so, dass die untere Hornspitze vorgezogen ist, als wenn sie Wasser tragen könnte. Im Herbst dagegen stehen die Hörner so, dass das Wasser aus der Schale herauslaufen würde (Abb. 66).

Vermag die Mondsichel auch zu liegen wie ein umgekippter Kahn? Das kann in den Tropen eintreten, wenn die Sonne senkrecht über dem Mond steht, also nur am Tage. Wie ein schwimmender Kahn sieht er aus, wenn die Sonne unter ihm steht, also gegen Morgen bei abnehmendem Mond, gegen Abend bei zunehmendem Mond.

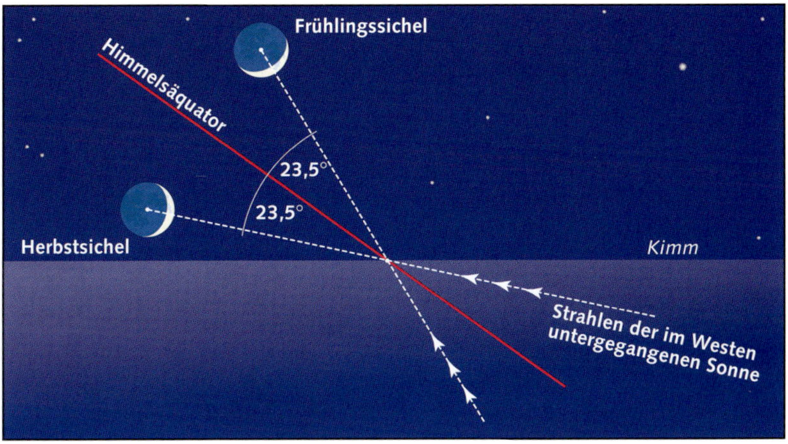

Abb. 66 Mondsichel im Frühling und im Herbst nach Sonnenuntergang in unseren Breiten

Nehmen wir uns schon heute vor, auf diese Änderung des Bildes zu achten, wenn wir weiter nach Süden kommen. Befinden wir uns auf südlicher Breite, liegen die Sicheln umgekehrt. ◑ ist das erste Viertel, ◐ letztes Viertel, da wir nun im Süden des Mondes stehen.

Hat der Mond Einfluss auf das Wetter? Fahler Mondschein, Mondhalos usw. - Vorgänge in der Erdatmosphäre, in der uns umgebenden Lufthülle - lassen in der Tat Rückschlüsse auf das Wetter zu. Mit dem Mond selbst und seiner Stellung zur Erde hat das jedoch nichts zu tun.

Verschlingt der Mond tatsächlich Wolken? Einflüsse des Mondes auf die Bewölkung hat die Wissenschaft bisher nicht feststellen können. Es täuscht, dass mit dem Aufgehen des Mondes die Bewölkung nachlässt. Sie nimmt meistens abends ab, unabhängig von der Mondphase.

Die Planeten

Auch die Bahnen der Planeten sind nicht sehr stark gegen die Ekliptik geneigt; wir finden sie also ebenfalls zwischen den Tierkreisbildern. Der Mond, der sich vortrefflich als Sternweiser eignet, muss sie bei jedem Umlauf passieren.
Nun sind allerdings nicht alle Planeten so hell, dass sie sich leuchtend von den anderen Sternen der Ekliptik abheben. Wir müssen Sternbücher oder andere Hilfsmittel haben, um sie ausmachen zu können. Aber einige Planeten sind auch so hell, dass sie alles überstrahlen, wie die **Venus, der Morgen- oder Abendstern,** oder auch der **Jupiter.**
Meist unterscheidet sich das Licht dieser Planeten durch große Ruhe (kein Funkeln) von dem der Fixsterne – ein sicheres Kennzeichen ist das aber nicht. Mit Sicherheit ist ein Planet als solcher nur zu erkennen, wenn man seine Stellung zu auffälligen Fixsternen misst und Änderungen feststellt. **Da gibt es oft besonders schöne Konstellationen, das heißt Planetenstellungen,** auf die die Sternbücher oder Zeitungen hinweisen. Die Bewegung der Planeten zwischen den Sternen kann in demselben Sinne erfolgen wie die von Sonne und Mond = **rechtläufig,** aber auch im entgegengesetzten Sinne = **rückläufig.**
Ihre Bewegungsgeschwindigkeit ist verschieden. So bewegt sich die Venus recht schnell, Jupiter langsam. Wir werden bald hören, dass dies mit der Entfernung des Planeten von der Sonne zusammenhängt.
Wir nehmen das Glas, um die sichtbaren Planeten näher zu betrachten. Venus zeigt dabei regelrechte Phasen, wie wir sie vom Mond kennen. Es handelt sich also bei den Planeten auch um Kugeln. Interessant ist die Beobachtung des Jupiter, der als kleine Scheibe erscheint und von vier winzigen Lichtpunkten umgeben ist, Monden, die ihn umkreisen, alle etwa in einer Ebene. Bald sieht man auf jeder Seite zwei, dann drei auf einer Seite usw.
Den Planeten (Abb. 102) werden wir uns später noch zuwenden. Zuvor jedoch wollen wir bestimmte Themen im Zusammenhang betrachten und so erfahren, was man von den bisher beobachteten Sternen weiß.
Wir gehen nach einem geschichtlichen Rückblick auf eine Sternwarte, lernen die Hilfsmittel kennen, mit denen die Wissenschaft ihrer Aufgabe, die Sternenwelt zu erforschen, zu Leibe rückt, und hören dann, was man als Ergebnis dieser Forschung heute von Sonne, Mond und Sternen weiß.

Von der Sonne und ihren Begleitern

Was wussten unsere Vorfahren?

Einige hunderttausend Jahre gibt die Forschung dem Menschengeschlecht für seine Geschichte. Ein kurzer Zeitraum ist das, verglichen mit den ungeheuren Zeiträumen, in denen sich die Geschichte eines Sterns abwickelt, ein kleines Zwischenspiel.

Und doch – welche Riesenzeit, gemessen an einem Menschenleben, und wieviel menschliches Grübeln und Forschen enthält sie!

Den ersten denkenden Menschen mag die Sonne als Wärmespender, vielleicht noch der Mond als Lichtspender langer Nächte Beobachtungsgegenstand gewesen sein, die Sterne bedeuteten ihnen wenig. Wohl aber erfüllte sie ein Schauer, ja Angst, wenn Sonne oder Mond *nicht* wie gewohnt erschienen, Finsternisse eintraten oder Kometen mit ihrem Riesenschweif sich breit über den sonst so harmlos aussehenden Himmel legten.

Das Außergewöhnliche ist der Anfang des Forschens, der Anstoß zur Beschäftigung des Menschen mit den Sternen.

Die ersten Kulturen entstehen, Sagen und Märchen knüpft der Mensch an seine Sterne, Namen werden ihnen gegeben. Manche dieser Namen werden wir nie erfahren, andere gräbt unsere Wissenschaft wieder aus, alte Runen oder Inschriften entziffernd.

Alle erste Sternwissenschaft aber ist Kalenderwissenschaft, wie wir es aus den hoch stehenden Kulturen und Kultbauten der mittelamerikanischen Maya ebenso wissen wie von den Chinesen, Assyrern oder Ägyptern. Priester erforschten als erste die Sterne, um den Kalender, die Zeitrechnung und damit die heiligen Feste festzulegen.

Von der Natur der Sterne, ihrem Aufbau, ihren Entfernungen von uns wusste man nichts. Wohl aber brachte man das Schicksal des Menschen mit diesen Sternen und ihren Stellungen in Beziehung, versuchte, es aus den Sternen zu lesen, trieb Astrologie, wie wir heute sagen.

Einen wesentlichen Schritt weiter in dem Erkennen der Zusammenhänge kamen erst einige Jahrhunderte vor der Zeitwende die griechischen Forscher.

Man erkannte damals schon, dass die Erde wohl eine Kugel sein müsse, die sich drehe, und einer von ihnen bestimmte sogar die Größe dieser Kugel. Man kam zu so genauen Gesetzen von den Bahnen der Sonne und des Mondes, dass man Sonnenfinsternisse vorausberechnen konnte. Immer aber noch stand die Erde im Mittelpunkt; Sonne, Mond und Sterne kreisten um die Erde. Diese griechischen Vorstellungen von der Welt fasste der Naturforscher Ptolemäus in einem System zusammen, das nach ihm **Ptolemäisches System** heißt.

Aber diese Erkenntnisse versanken wieder, vielleicht war die Welt noch nicht reif dafür. Sie wurden vergessen, Brände vernichteten Büchereien, Kriege die Völker.

Bei den Arabern allein fand in der Folgezeit die Sternforschung eine neue Stätte, und von den Arabern übernahmen die Europäer die Erkenntnisse der Griechen, wie sie die Araber erhalten und weiterentwickelt hatten. Auf diesen Grundlagen baute sich die Sternforschung des Mittelalters auf. **So kommt es, dass viele Sterne arabische Namen tragen,** wie Beteigeuze, Mizar, Alkor usw.

Erst um 1500 glückt den grübelnd weitsehenden Forschern des Abendlandes die große, umstürzende Wandlung des Weltbildes. Die Zeit der Entdeckungen ist gekommen: Kolumbus entdeckt Amerika, Magellan umsegelt die Erde, die alten, ewig erscheinenden Erkenntnisse beginnen zu wanken. Kopernikus tritt auf und kann wissenschaftlich begründen, dass die Erde nicht mehr im Mittelpunkt der Welt zu denken ist, dass die Sonne das Gestirn ist, um das alles kreist.

Aber die katholische Kirche, allmächtige Beherrscherin der Meinungen jener Zeit, lässt zur Bewahrung ihrer Autorität diese neuen Erkenntnisse nicht zu.

Giordano Bruno, der verkündet hat, dass vielleicht auch andere Fixsterne ähnliche Sonnen seien wie unsere, um die auch Erden kreisen wie um unsere, wird gefoltert und auf dem Scheiterhaufen verbrannt. Galilei verkündet die Lehre des Kopernikus, aber er muss ihr abschwören. Das Werk des Kopernikus wird auf die Liste der verbotenen Bücher gesetzt. Das Volk soll bei der alten ptolemäischen Auffassung bleiben.

Doch die Saat ist gesät, Forschergeist bohrt weiter.

Im Jahre 1609 wird das Fernrohr erfunden, eine gewaltige Entdeckung! Ungeahnte, kaum zu denken gewagte Dinge kann man nun sehen. Mondgebirge,

Flecken auf der für makellos gehaltenen Sonne. Und der Jupiter hat auch Monde, mehrere sogar, nicht nur einen wie die Erde.

Aber nicht nur das Fernrohr selbst, sondern die gesteigerte Beobachtungsgenauigkeit geben eine ungeahnte Weitung des Bildes. So gestatten die Beobachtungen Tycho Brahes so genaue Berechnungen, dass **Kepler,** ein Deutscher, die einfachen Gesetze formulieren kann, nach denen sich die Erde und die anderen Planeten um die Sonne bewegen:

1. **Die Bahn eines jeden Planeten ist eine Ellipse, in deren einem Brennpunkt die Sonne steht.**
2. **Die Verbindungslinie Sonne – Planet überstreicht in gleichen Zeiten gleiche Flächenräume, das heißt, in Sonnennähe bewegt sich der Planet schneller um die Sonne als in Sonnenferne.**

Das alles sind nun keine Gedankenspekulationen mehr, es lässt sich nicht mehr ableugnen.

Weiter bohrt menschlicher Forschungswille. Newton gelingt es, die Keplerschen Gesetze der Planetenbewegung aus dem ganz allgemeinen Gesetz der Massenanziehung heraus zu erklären: Zwei Massen ziehen sich, ob es sich um Steine oder Himmelskörper handelt, nach einem bestimmten Gesetz an. Aus diesem Gesetz folgen mathematisch ableitbar die Planetenbewegungen um die Sonne.

Ja, es gelang sogar etwas später, aus gewissen Störungen in den beobachteten Bahnen auf einen neuen Planeten zu schließen, seine Bahn aus diesen Gesetzen zu berechnen und dann den neuen Planeten an der vorausberechneten Stelle am Himmel zu finden.

Immer aber ist das Weltbild noch begrenzt, die große Fixsternkugel umschließt das System der Sonne mit ihren Begleitern, den Planeten.

Erst im vorletzten Jahrhundert gelang es, in den Weltraum, in die Fixsternwelt messend einzudringen, mithilfe der Physik etwas über die Natur, über den Aufbau dieser fernen Welten zu erfahren und das Bild vom Sein, Werden und Vergehen dieser Welten aufzubauen, das nun in seinen gesicherten Ergebnissen vor uns erstehen soll.

Das Fernrohr

Die modernen, leistungsfähigsten Sternwarten sind auf einen optimal dunklen Nachthimmel angewiesen und liegen deshalb nicht mehr in oder in der Nähe von Städten, wie es noch Anfang des vorigen Jahrhunderts bei Neugründungen der Fall war. Das bis in die 1970er-Jahre größte Teleskop der Erde, der 5-m-Spiegel auf dem kalifornischen Mount Palomar (1706 m), ist durch das Streulicht der sich stetig vergrößernden Stadt San Diego längst nicht mehr so leistungsfähig wie noch in den 1950er-Jahren.

Heutige Astronomen zieht es in die Abgeschiedenheit einer kargen, wüstenähnlichen Landschaft, hoch hinauf auf die Gipfel der Berge. Dort ist der Anteil städtischen Streulichts am geringsten und die Luft am trockensten. So ist eine absolut klare Sicht durch eine Atmosphäre möglich, die das Sternlicht vom Ultravioletten bis zum Infraroten so wenig wie möglich abschwächt. Ein zweiter wichtiger Standortvorteil wird genutzt, indem Berge ausgesucht werden, um die die Luft möglichst ohne Verwirbelungen strömt. Eine ruhige Luftströmung bietet die Gewähr für besonders hoch aufgelöste Beobachtungen, also stecknadelfeine Sternabbildungen.

Und nicht zuletzt spielt auch die Anzahl der klaren Beobachtungsnächte eine wichtige Rolle. Beobachtungszeit ist kostbar, und deshalb kommen aus Wettergründen nur wenige ausgesuchte Gebiete auf der Erde für den Bau von Großsternwarten in Frage. Aus allen genannten Gründen können von Mitteleuropa aus keine sinnvollen wissenschaftlichen Beobachtungen mehr erfolgen.

Die deutsche Astronomie hat mit dem deutsch-spanischen Observatorium auf dem andalusischen Calar Alto (2170 m) ein wichtiges Standbein zur Beobachtung des nördlichen Sternhimmels gefunden. Der südliche Sternhimmel wird uns durch die Teleskope der Europäischen Südsternwarte (ESO) zugänglich, deren Hauptquartier in Garching bei München ansässig ist. Von hier aus werden alle Forschungsprojekte koordiniert, die in den chilenischen Anden auf den Bergen La Silla und auf dem Nachbarberg Cerro Paranal stattfinden (Abb. 67).

Das größte Teleskopprojekt der ESO ist zur Zeit das VLT auf dem Cerro Paranal. Hier werden insgesamt vier Spiegel zu je 8,2 m Durchmesser miteinander gekoppelt, die die gleiche optische Leistung erbringen wie ein einziger Spie-

Abb. 67 Die Teleskopgebäude (von Kuppeln kann man bei modernen Teleskopen nicht mehr sprechen) des »Very Large Telescope (VLT)« auf dem Cerro Paranal in Chile. In jedem der vier Gebäude befindet sich ein 8,2 m großes Spiegelteleskop. Zusammen bilden sie auf Jahre hinaus die leistungsfähigste Sternwarte der Welt. Betreiber ist die Europäische Südsternwarte mit Sitz in Garching bei München. (Foto: ESO)

gel mit 16 m Durchmesser! Damit wird das VLT für lange Zeit das größte erdgebundene Teleskop sein und sogar noch die beiden 10-m-Keck-Teleskope auf dem Mauna Kea auf Hawaii überflügeln.

Ein paar Angaben über die Fernrohre der modernen Sternwarten: **Wir unterscheiden zwei Typen, den Refraktor und den Reflektor.** Der Refraktor (Abb. 68) ist das uns geläufige, für Durchsicht gebaute Fernrohr. Es besteht im einfachsten Falle aus zwei Sammellinsen, kugelförmig begrenzten Glaskörpern, die wir als Kinder schon benutzten, um das Licht der Sonne in einem Punkt zu sammeln und dort eine Brennwirkung zu erzielen (Brennglas – Brennpunkt).

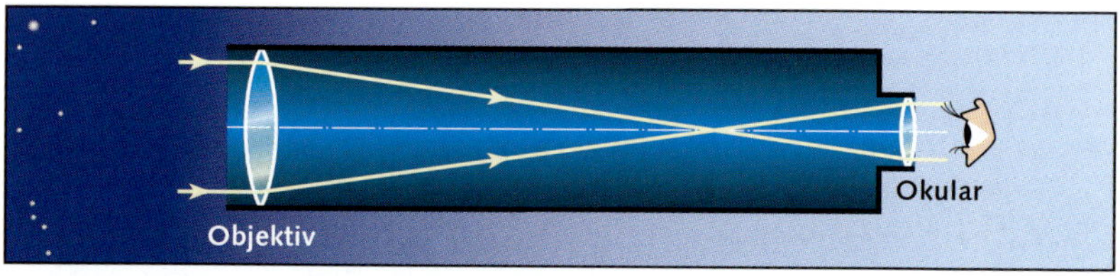

Abb. 68 Astronomisches Fernrohr - Refraktor

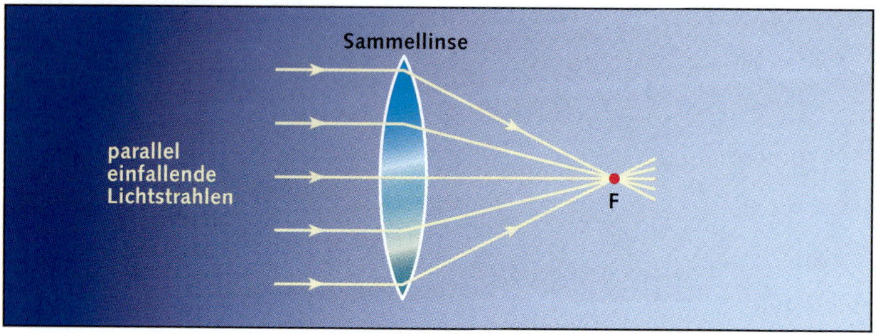

Abb. 69 Eine Sammellinse bündelt parallel einfallendes Licht im Brennpunkt F

Die dem Gegenstand (Objekt) zugewandte Linse ist das **Objektiv,** die am Auge liegende das **Okular.**

Eine solche Sammellinse liefert von einem fernen Gegenstand, wie ihn beispielsweise die Sonne darstellt, in der Ebene des Brennpunktes ein Bild, das wir bei einem Fotoapparat auf der Mattscheibe beobachten oder auf dem lichtempfindlichen Film festhalten können (Abb. 69). Es steht auf dem Kopf. Zur Beobachtung bringt man keine Kamera an, sondern beobachtet dieses kleine Bild durch eine Lupe, die Okular-Sammellinse, die es vergrößert (Abb. 68).

Will man kein auf dem Kopf stehendes, sondern ein aufrechtes Bild haben, wie bei einem gewöhnlichen Fernglas, dann muss noch eine Linse oder ein Prismensatz eingeschaltet werden, um die Bilder wieder aufzurichten. Bei

Sternen ist es gleichgültig, ob wir sie aufrecht oder auf dem Kopfe stehend sehen. Wir begnügen uns daher mit den zwei Linsen für Okular und Objektiv. Je weniger Linsen, desto weniger Lichtverluste im Glas.
Sowohl Objektiv als auch Okular bestehen aus mehreren Linsen. Das liegt daran, dass die Linsen-Abbildung gewisse unvermeidliche Fehler hat (farbige Ränder des Bildes, Unschärfe in den Randzonen), die nur durch Mehrlinsensätze beseitigt werden können. So ein Linsensatz wirkt aber insgesamt wie eine Sammellinse.
Die Objektivlinse hat die Aufgabe, das von den Sternen kommende Licht in der Ebene des Brennpunktes, im Abstand der Brennweite, zu vereinigen. Es wirkt mit seiner ganzen Öffnung. Von der Größe der Öffnung hängt es ab, wie viel Lichtstrahlen wir auffangen können; je größer der Durchmesser, desto lichtstärker wird das Bild im Brennpunkt.
Das Objektiv muss also groß sein. Die Herstellung großer fehlerfreier Glaslinsen ist jedoch schwierig und kostspielig. Das größte Rohr der Hamburger Sternwarte hat eine Objektivlinse von 60 cm Durchmesser (Abb. 70). Das größte jemals hergestellte Objektiv besitzt die Yerkes-Sternwarte bei Chicago: Der Durchmesser beträgt 1,00 m, die Linse wiegt 250 kg. Das Rohr, das sie trägt – es muss schon stabil sein, damit es sich bei der Länge des Fernrohrs von 19 m nicht verbiegt –, hat ohne Achse und Gegengewicht ein Gewicht von 6000 kg. Eine gewaltige Halle musste dafür errichtet werden. Sie ist 27 m hoch; die drehbare Kuppel trägt einen Beobachtungsspalt, der maschinell geöffnet werden kann, und wiegt 140 000 kg.
Das Okular, das zur vergrößernden Betrachtung des Bildes dient, kann ausgewechselt werden: Wenn man Einzelheiten besser sehen will, muss man eine stärkere Vergrößerung wählen. Da das Okular nur das kleine Bild im Brennpunkt betrachtet, ist es nicht so riesig wie das Objekt, daher auch leichter herstellbar.
Wenn man nun aber ein Bild, etwa das eines Mondkraters, bei stärkerer Vergrößerung betrachtet, ist man enttäuscht, denn dieser Ausschnitt ist wesentlich lichtschwächer, sodass einer beliebig starken Vergrößerung schon aus diesem Grunde eine Grenze gesetzt ist. Es spielt auch noch die optische Unruhe der Luft, die Klarheit und Ruhe der Luftschichten, eine Rolle, durch welche die Lichtstrahlen hindurch müssen, um das Rohr zu erreichen. Vergrößerun-

Abb. 70 Der große Refraktor der Hamburger Sternwarte (die Beobachterbühne ist hochgefahren)

gen um das Hundertfache und mehr sind nur bei ganz ruhiger Luft sinnvoll, wenn die Sterne am wenigsten flimmern.

Nicht in den starken Vergrößerungen liegt der Wert der großen Instrumente, sondern in der lichtsammelnden Kraft, in der Fähigkeit, so viel Licht in die Bildebene zusammenzuziehen, dass auch ganz lichtschwache Gebilde noch erfasst, noch gesehen werden, die das Auge oder das kleine Fernrohr gar nicht anzeigt.

Da man keine größeren Objektivlinsen schaffen konnte, ging man zum **Reflektor,** zum **Spiegelinstrument** über. Diese waren an sich schon früher erfunden und wurden, da sie keinen Farbfehler haben, viel gebaut. Es werden bei ihnen überhaupt keine Linsen benutzt; sie bestehen vielmehr aus einem Hohlspiegel, der parallel auffallendes Licht in einem Punkt vereint, dem Brenn-

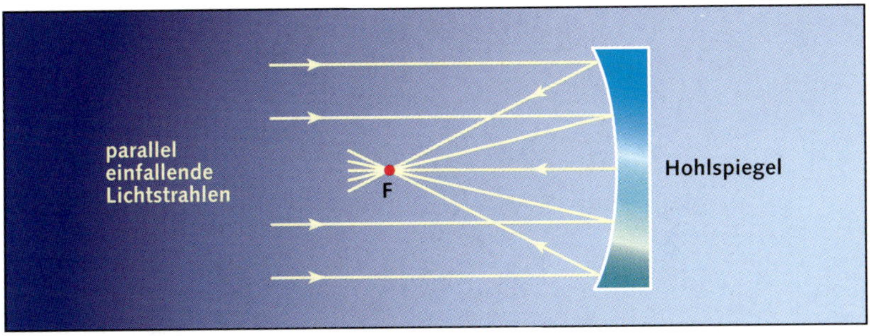

Abb. 71 *Ein Hohlspiegel bündelt wie eine Sammellinse parallel einfallende Lichtstrahlen im Brennpunkt F.*

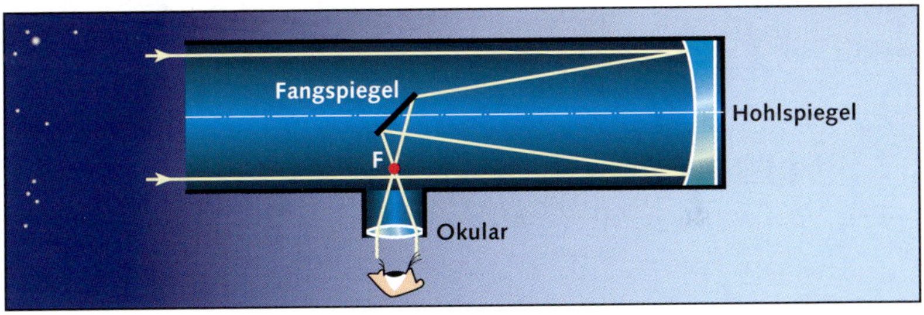

Abb. 72 *Spiegelteleskop (Reflektor)*

punkt (Abb. 71). Die auffallenden Lichtstrahlen werden von ihm *reflektiert* und ergeben im Brennpunkt ein kleines umgekehrtes Bild, das man nunmehr wieder im Vergrößerungsglas (Sammellinse als Lupe) besehen kann. Da dies Bildchen allerdings zwischen Gegenstand und Spiegel entsteht, muss man es seitlich – etwa durch einen kleinen Spiegel – ablenken und zum Okular »hinbiegen« (Abb. 72).

Diese Instrumentenart ist heute wieder aufgegriffen worden. Und es sind wahre Riesen ihrer Art entstanden. Die Herstellung haltbarer und genau geschliffener Spiegel wurde zu hoher Kunst entwickelt. Dabei wird längst nicht mehr Metall verwendet, sondern eine besonders leichte Glaskeramik. Die

Abb. 73 Das Weltraumteleskop Hubble in der Erdumlaufbahn (Foto: NASA)

Spiegeloberfläche wird mit einer hauchdünnen Aluminiumschicht bedampft und anschließend multivergütet. Aufgrund von aggressiven Luftbestandteilen muss die Beschichtung alle paar Jahre erneuert werden. Ein Nachteil dieser Instrumente ist die Notwendigkeit des kleinen Auffangspiegels.
Ein großer Reflektor ist wegen seiner großen lichtsammelnden Fläche einem kleineren Refraktor überlegen. Der Spiegeldurchmesser des größten in Betrieb befindlichen Instruments beträgt 10 m. Es ist das Keck-Teleskop auf dem 4200 m hohen Mauna Kea auf Hawaii.
Weitaus leistungsfähiger als alle bislang vorgestellten Teleskope ist eines, das es nur auf 2,40 m Spiegeldurchmesser bringt. Wie kann das sein, wo doch der Grundsatz gilt: Je größer, desto besser? Die Ergebnisse des weltweit besten Teleskops haben in der Presse für einen immensen Wirbel gesorgt: Es ist das **Hubble Space Telescope (HST),** das in einer Höhe von 611 km um die

Abb. 74 Very Large Telescope ANTU (Spiegeldurchmesser 8,2 m) auf dem Cerro Paranal in Chile (Foto: ESO)

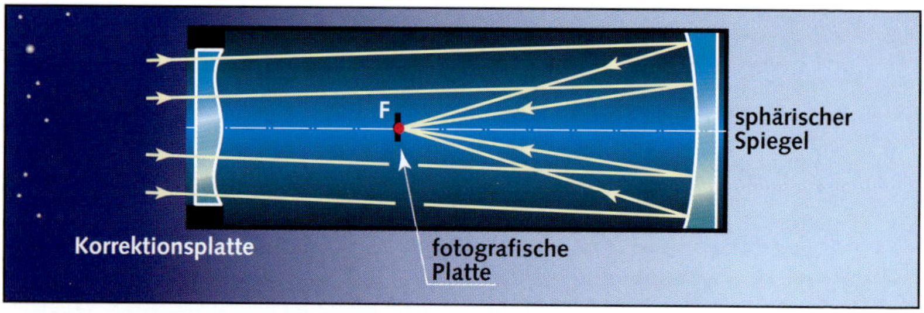

Abb. 75 Grundgedanke des Schmidt-Spiegels

Erde kreist. Benannt nach dem Pionier der Erforschung der Strukturen unseres Weltalls, Edwin Hubble (1889–1953), wurde es von Space-Shuttle-Astronauten am 25.4.1990 ausgesetzt (Abb. 73). Ein Fehlschliff der Optik ließ die ersten Aufnahmen enttäuschend ausfallen; zwar immer noch besser als mit einem erdgebundenen Teleskop, aber nicht so, wie man erwartet hatte. Also musste dem Weltraumteleskop eine Brille verpasst werden, die die Bildfehler aufheben sollte. Am 2. Dezember 1993 startete eine Space-Shuttle-Service-Mission mit der Aufgabe, das defekte Teleskop zu reparieren – mit überwältigendem Erfolg, wie sich im Nachhinein herausstellte und wir später noch sehen werden.

Auch ein Weltraumteleskop bedarf alle paar Jahre einer Runderneuerung. Teile wie die für die Lageregelung zuständigen Gyroskope fallen ständig aus und die digitalen Kameras veralten. Das ist im Weltraum nicht anders als auf der Erde. Nur kann man nicht mal so eben hinfliegen, denn man muss schon ein – mittlerweile altersschwaches – Space Shuttle und dessen Crew für eine teure und aufwändige Servicemission anheuern.

Um mit einer Aufnahme größere Himmelsgebiete erfassen zu können, verwendet man **Schmidt-Spiegel.** In diesem von dem Optiker Bernhard Schmidt von der Hamburger Sternwarte zuerst gebauten sehr lichtstarken Abbildungssystem für astronomische Spiegelfernrohre werden die Abbildungsfehler eines sphärischen Spiegels durch eine Korrektionsplatte (Schmidt-Platte) beseitigt (Abb. 75). Die hohe Schärfe über ein großes Gesichtsfeld wird dadurch er-

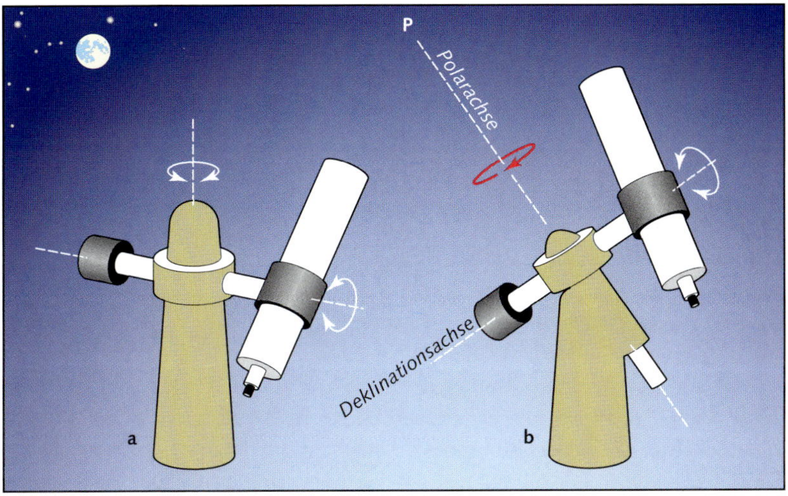

Abb. 76 Azimutale (a) und parallaktische (b) Aufstellung des Fernrohrs; P = Himmelspol

reicht, dass der sphärische Hauptspiegel größer ist als die Korrektionsplatte, die für diesen Zweck einfach als Blende wirkt.

Ein paar Worte noch über die Aufstellung dieser Rohre. In einem ruhenden Fernrohr würde man aufgrund der hohen Vergrößerung die Sterne durch das Gesichtsfeld wandern sehen. Da man für sorgfältige Messungen den Stern dauernd möglichst genau an derselben Stelle des Gesichtsfeldes zu halten hat, muss das Fernrohr so aufgestellt sein, dass es der täglichen Bewegung nachgeführt werden kann, das heißt, es muss drehbar angeordnet werden.

Folgende Aufstellungen sind möglich:

- Das Rohr ist an einer waagerechten Achse befestigt (mit Gegengewicht), wie es Abb. 76 a zeigt. Diese Achse ist auf einem Pfeiler angeordnet, der seinerseits um eine senkrechte Achse drehbar ist.
- Die eine Drehachse liegt parallel zur Erd- und Weltachse, um die der Sternhimmel umschwingt. Diese Achse weist also zum Himmelspol P (Polar-

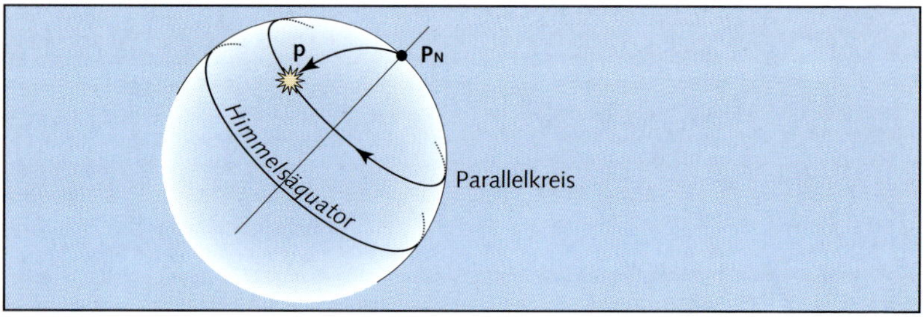

Abb. 77 Stern auf auf seiner täglichen Bahn auf dem Parallelkreis zum Himmelsäquator (P_N = Himmelsnordpol, P = Polarstand)

achse, Abb. 76 b). Mit dieser fest verbunden ist die Fassung, in der sich die zweite Achse, die Deklinationsachse, senkrecht zur Polarachse drehen kann. Diese Deklinationsachse trägt fest das Fernrohr. Drehen wir das Rohr, das in Abb. 76 b zum Himmelspol zeigt, um die Deklinationsachse, kann es auf jeden gewünschten Abstand vom Pol eingestellt werden. Dreht man dann um die Polarachse, so bestreicht das Rohr einen Kreis parallel zum Himmelsäquator. So findet man jeden Stern, der beobachtet werden soll (Abb. 77).
Koppelt man, sobald der Stern gefunden ist, diese Achse mit einem Motor, der sie im Laufe eines Tages einmal herumdreht, so bleibt der Stern immer im Gesichtsfeld des Fernrohres. Das ist technisch mit sehr großer Genauigkeit möglich. Immerhin muss der Beobachter dauernd kontrollieren und eventuell handregulierend eingreifen. Bei diesem Nachführen bewegt sich nun aber auch der Okularkopf; man muss also den Beobachtungssitz nachkommen lassen.
Diese Nachführung des Rohres wird auch notwendig bei der Herstellung von Himmelsfotos, die eine gewaltige Erweiterung unserer Sternkenntnisse und unseres Weltbildes ergeben haben.
Wir wissen von der Kamera her: je dunkler, desto länger belichten. **Was bei einer Momentaufnahme nicht sichtbar wird, zeigt die Zeitaufnahme.** Der Film und allen voran die hochempfindliche Digitalkamera hat die der Himmelsforschung höchst willkommene Eigenschaft, Lichteindrücke zu addieren. Das soll heißen: Wenn die in einer Hundertstelsekunde eintreffende Licht-

menge zu schwach ist, kann man so lange immer mehr von diesem an sich schwachen Licht auf dieselbe Stelle fallen lassen, bis die Stelle *belichtet* ist und ein Bild zeigt.

Ist der Stern so lichtschwach, dass er unser Auge – auch im Fernrohr – nicht mehr reizt, dann »sehen« wir ihn nicht, ahnen also nichts von seinem Vorhandensein. Bringen wir aber, statt mit den Augen zu beobachten, im Brennpunkt des Fernrohres eine Kamera an und führen das Rohr, wenn nötig, eine Viertelstunde, eine halbe, mehrere Stunden nach, dann kann die Summe dieser schwachen Lichtmengen doch noch ausreichen, das lichtschwache Himmelsobjekt abzubilden.

Während wir mit bloßem Auge nur etwa zwölf Sterne der Helligkeit des Aldebarans und vielleicht 40 Sterne der Helligkeit 2, mit dem Auge überhaupt nur höchstens 2000 Sterne erkennen, sehen wir im Feldstecher schon 50 000, im Fernrohr Millionen, mit den größten Rohren bei Augenbeobachtung vielleicht 50 Millionen Sterne. Die Zahl der fotografisch noch erreichbaren Sterne jedoch steigt ins Unfassbare. Auch schwache Nebel, die bisher kein Auge sah, schwache Spiralnebel in hunderten von Millionen Lichtjahren tragen ihre Spur in die Platten ein. Solche Fotos des Sternhimmels haben zudem noch einen anderen Vorteil: Was man fotografiert hat, kann man getrost nach Hause tragen, das heißt, als Dokument aufbewahren und in aller Ruhe mit den raffiniertesten Apparaten auswerten.

Der Himmelsforschung stehen aber heute auch noch ganz anders geartete Hilfsmittel zur Verfügung: die **Radioteleskope.**

Die Sterne senden nicht nur Licht, sondern auch Strahlen der verschiedensten Wellenlängen aus; nur erreichen sie uns nicht alle, weil die Lufthülle der Erde sie verschluckt. Von den durchgelassenen Strahlungen kann der Mensch mit seinen Sinnesorganen nur das sichtbare Licht wahrnehmen. Diese Lichtstrahlen sind elektromagnetische Wellen, die nur tausendstel Millimeter lang sind. Die Atmosphäre hält uns aber noch ein zweites Fenster offen: Sie lässt die Strahlungen mit Wellenlängen von 1 cm bis 20 m durch, die Ultrakurzwellen der Radiotechnik. Man hat gelernt, diese Wellen mit kleinen Antennen aufzunehmen, zu verstärken und zu registrieren. Auch sehr schwache Strahlungen lassen sich heute nachweisen. Die ankommenden Wellen werden in Hohlspiegeln gesammelt, in deren Brennpunkt die Antenne steht.

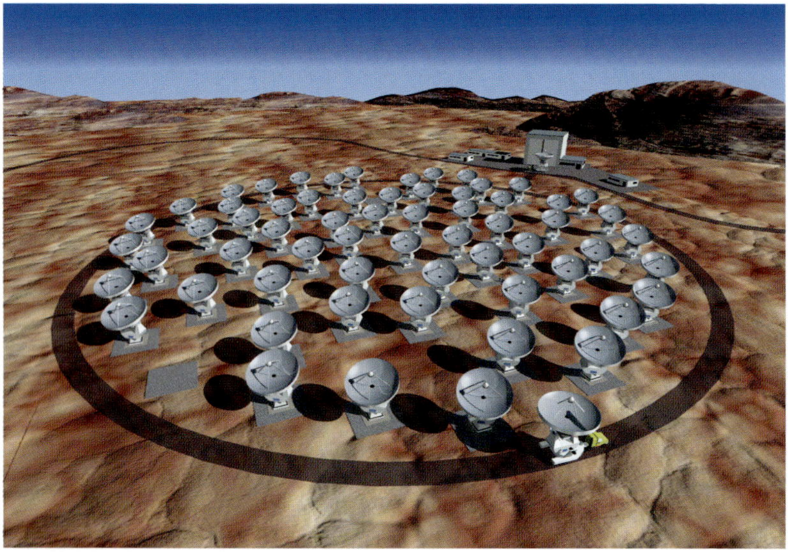

Abb. 78 Geplante Radioteleskopanordnung ALMA der Europäischen Südsternwarte in Chile (Illustration: ESO)

Diese Radioteleskope müssen allerdings entsprechend den viel größeren Wellenlängen große Ausmaße haben.
Bei Arecibo auf Puerto Rico steht ein ortsfestes, unbewegliches Radioteleskop von 300 m Spiegeldurchmesser. Die auf lange Zeit größte Radioteleskop-Anordnung wird das Projekt ALMA der Europäischen Südsternwarte in Chile sein (Abb. 78). ALMA steht für Atacama Large Millimeter Array und wird aus 64 Radioteleskopen zu je 12 m Spiegeldurchmesser gebildet. Die Basislänge der Anordnung (sozusagen ein effektiver Spiegeldurchmesser) wird 10 km betragen. In der trockenen Luft der chilenischen Atacamawüste auf 5000 m Meereshöhe wird der Himmel im Wellenlängenbereich unter 1 mm beobachtet. Man erhofft sich noch tiefere Einblicke in die Geburtsstätten von Sternen und Planeten.

Abb. 79 Das 100-m-Radioteleskop von Effelsberg

In der Eifel bei Effelsberg gibt es ein Radioteleskop mit einem frei beweglichen Parabolspiegel von 100 m Durchmesser, das zur Zeit zweitgrößte Instrument dieser Art in der Welt (Abb. 79).
Mit diesen Radioteleskopen kann man bei Tage beobachten und Objekte ermitteln, die bisher verborgen blieben, weil ihr Lichtstrahl von Wolken kosmischen Staubes verschluckt wurde.

Die Sonne

Die Sonne erscheint uns als eine runde, blendend weiße Scheibe größter Helligkeit, die wir nur durch starke Sonnenfilter oder dicke Wolken hindurch ansehen können. Sie scheint uns von derselben Größe zu sein wie die Scheibe des Vollmondes. Der Durchmesser beträgt nach unserer rohen Messung etwa $^1/_2$°.
Sind Mond und Sonne gleich groß?
Nein, in Wirklichkeit ist die Sonne viel größer; sie steht aber so viel weiter von uns entfernt, dass sie uns gleich groß erscheint.
Woher wissen wir das? **Wie kann man Entfernungen im Weltraum messen?** Ermitteln wir als Erstes den Abstand des Mondes von der Erde und betrachten wir dazu Abb. 80.
Der Mond umläuft die Erde in einem Kreis, sodass der Abstand Erdmittelpunkt – Mondmittelpunkt immer derselbe ist. Bei 1 steht der Mond im Aufgang, bei 2 im Zenit des Beobachters B. Man misst in beiden Fällen mit genauen Winkelmessinstrumenten seinen Sehwinkel, das heißt den Winkel, unter dem uns die Scheibe am Himmel erscheint. Dabei ergibt sich, dass der Durchmesser der Mondscheibe im Zenit $^1/_{60}$ größer ist als bei Aufgang. Das kann nur sein, wenn wir ihm bei 2 näher sind, und zwar um $^1/_{60}$ näher als beim Aufgang. Was folgt? Der Erdhalbmesser, um den wir dem Mond bei 2 näher stehen, macht eine Vergrößerung um $^1/_{60}$ Mondscheibe aus, das heißt, die Entfernung Erde – Mond muss 60-mal so groß sein wie der Erdhalbmesser (6378 km). Also beträgt die Entfernung Erde – Mond 60-mal 6378 km. Genaue Messungen ergeben Folgendes:

mittlere Entfernung Erde – Mond = 384 400 km

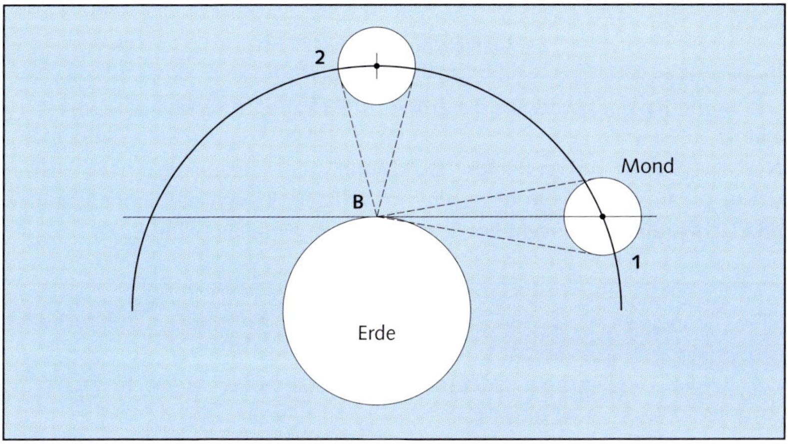

Abb. 80 Bestimmung des Abstandes Erde – Mond

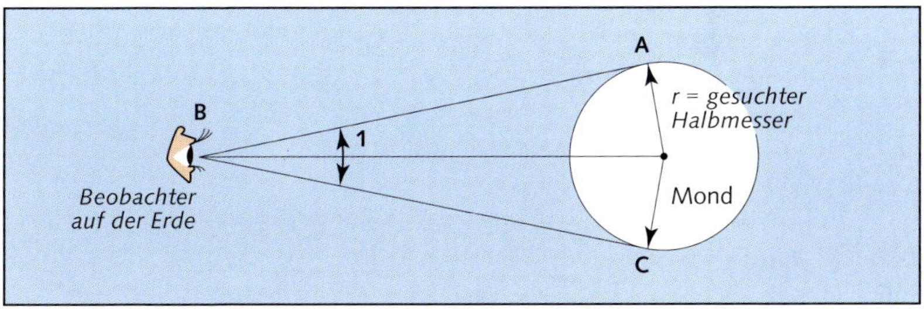

Abb. 81 Bestimmung des Monddurchmessers

Der Durchmesser des Mondes lässt sich wie folgt ermitteln:
Bestimmt man den Sehwinkel linker Mondrand – Auge des Beobachters – rechter Mondrand, den Winkel 1 in Abb. 81 (Winkel ABC), so kann aus den Dreiecken der Figur der Halbmesser, also auch der Durchmesser, berechnet werden. Er beträgt 3476 km.

Monddurchmesser = 3476 km

Der Mond ist viel kleiner als die Erde – 3476 km entsprechen der Entfernung Narvik – Gibraltar.

Nun zur Sonne: Angenommen, der Mond steht gerade im ersten Viertel. Wenn genau seine Hälfte beleuchtet ist, müssen die von der Sonne kommenden Lichtstrahlen senkrecht zur Schattengrenze einfallen (Abb. 82).

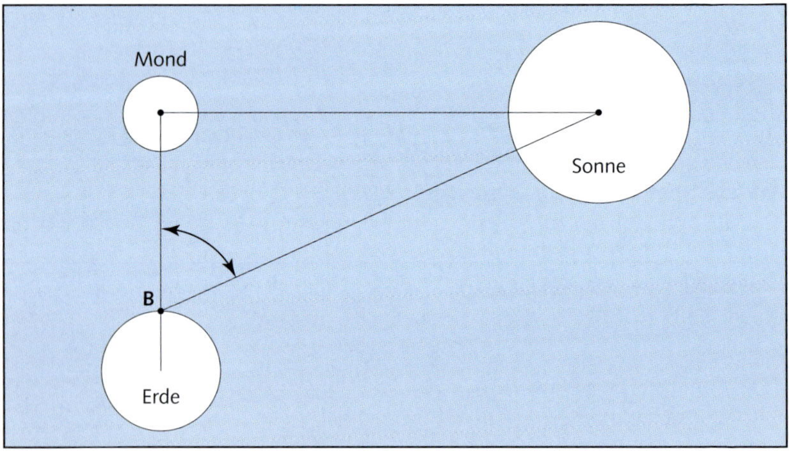

Abb. 82 Bestimmung der Entfernung Erde – Sonne

Wenn wir den Winkel Mondmittelpunkt – Beobachter B auf der Erde – Sonnenmittelpunkt messen, so ergeben sich natürlich nicht 90°, sondern etwas weniger: 89°51'. Zeichnen wir mit den Winkeln dieser Figur ein Dreieck, so finden wir heraus, dass eine Seite stets 400-mal so groß ist wie die andere. Durch Anwendung der Sätze der Trigonometrie ergibt sich, dass die Entfernung Erde – Sonne 400-mal so groß ist wie die Entfernung Erde – Mond, also 384 400 km mal 400. Diese Methode ist freilich recht ungenau. Genaue Beobachtungen und Rechnungen ergeben Folgendes:

mittlere Entfernung Erde – Sonne = 149 600 000 km

Das ist eine kaum vorstellbare Entfernung. Sogar das überaus schnelle Licht braucht über acht Minuten, um sie zu durchmessen; ein Zug würde bei ununterbrochener Fahrt 400 Jahre benötigen.
Wenn wir Sonne und Mond unter demselben Winkel sehen, dann muss bei 400facher Entfernung auch der Durchmesser der Sonne 400-mal so groß wie der des Mondes sein, also 3476 mal 400 (Abb. 83).

Sonnendurchmesser = 1 392 700 km

Auch das ist eine ungeheuerliche Zahl! Vergleichen wir mit der Erde: Ihr Durchmesser ist 2 mal 6378 = 12756 km. Erst 109 Erdkugeldurchmesser aneinander gereiht ergeben den Durchmesser der Sonne.
Abb. 84 veranschaulicht, wie riesig die Sonne im Vergleich zur Erde ist. Wäre die Sonne hohl, dann würde die Erde mit Mond gut darin Platz haben.
Es wird klar, dass die Zeichnungen im Maßstab bisher verkehrt angefertigt waren. Das musste jedoch geschehen, um die Dinge anschaulicher machen zu können.
Folgende Werte ergeben sich (stark abgerundet):

Oberfläche der Sonne: 6000000000000 km^2

Inhalt: 1400000000000000000 km^3

Die Oberfläche ist 12000-mal so groß wie die der Erde, der Rauminhalt 1,3 Millionen-mal. 1300000 Erdkugeln müsste man zusammenbringen, um

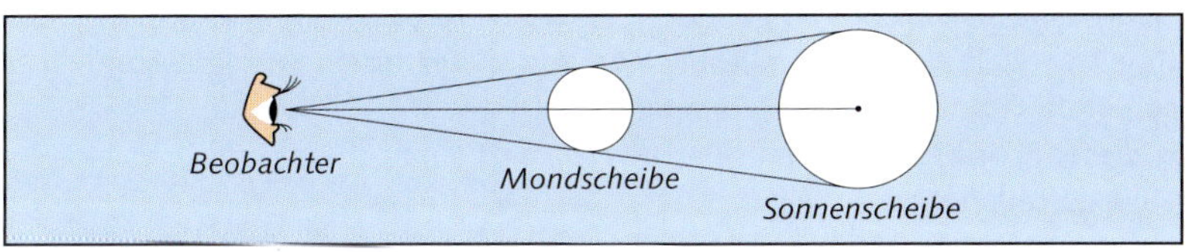

Abb. 83 Der Durchmesser der Sonne

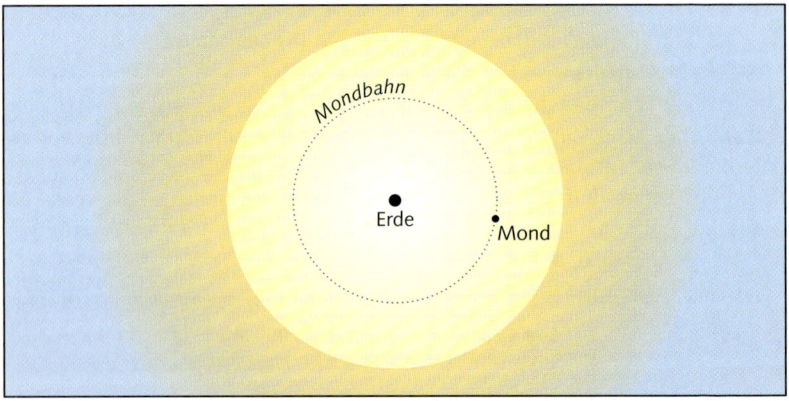

Abb. 84 Erde und Mondbahn würden in der Sonne Platz finden.

den Raum der Sonne auszufüllen. Diese Zahl macht deutlicher noch als Abb. 84, wie gewaltig die Ausmaße der Sonne sind.

Die Sonnenmasse ist jedoch nicht so dicht wie die der Erde, sodass man daraus »nur« 333 000 Erden machen könnte. Rechnet man die Massen aller Planeten zusammen, so vermöchte man 750 Sätze Planeten aus der Sonnenmasse zu machen.

Richten wir nun das Fernrohr auf die Sonne. Wir müssen Blendgläser benutzen, um die Lichtstärke auf ein dem menschlichen Auge zuträgliches Maß herabzusetzen.

Wir sehen eine runde, scharf begrenzte Scheibe, deren Helligkeit zum Rande hin etwas schwächer ist, was dem Bild ein räumliches Aussehen gibt. Die Oberfläche scheint in sich gemustert, gekörnt zu sein (Granulation). Das Bild ähnelt brodelndem Brei im Topf. Wie wir später hören werden, handelt es sich in der Tat um ähnliche Vorgänge.

In dieser Schicht erscheinen sehr oft *Flecke*, die manchmal sogar mit bloßem Auge zu sehen sind.

Schon mit einem kleinen Feldstecher mit vorgehaltenem Blendglas sind sie meist gut auszumachen. Wenn ein solcher **Sonnenfleck** ohne Glas erkannt

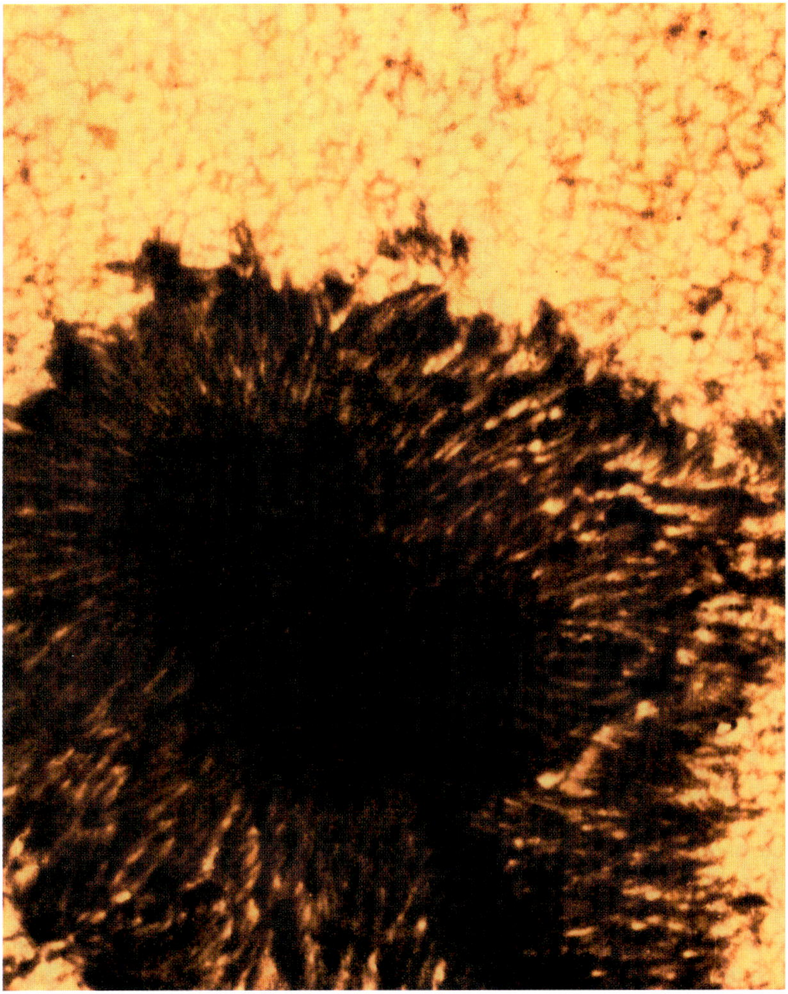

Abb. 85 Sonnenfleck und Umgebung (Aufnahme mit einem Fernrohr, das mit einem Ballon in 30 km Höhe getragen wurde)

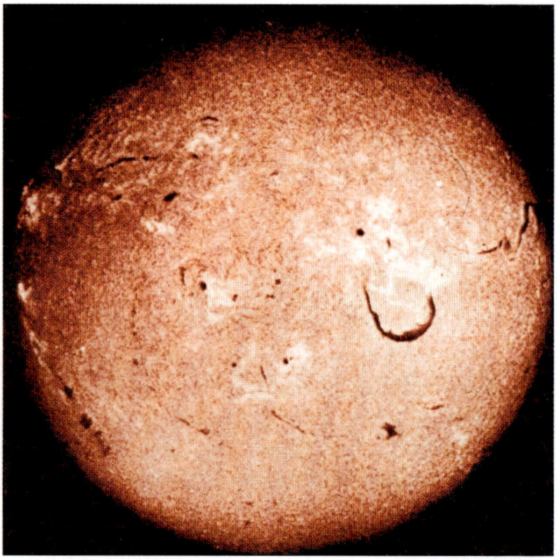

Abb. 86 Aufnahme der Sonne im Licht des Wasserstoffs bei 656 nm Wellenlänge

werden kann, dann muss er, wie man leicht errechnen kann, mindestens drei bis vier Erddurchmesser groß sein.

Kleinere Flecken, die das Auge nicht mehr sieht, bedecken oft in großer Menge die Sonnenoberfläche (Abb. 85 und 86).

Die Bildung und das Vergehen dieser Flecken gehen häufig in kurzer Zeit vor sich, in wenigen Stunden. Manchmal kann man sie aber auch monatelang beobachten. Man sieht dann, dass sie wandern, sieht also, wie die Sonne sich um ihre Achse dreht. Ein Fleck wandert in etwa zwei Wochen von einem Sonnenrand zum anderen, nach etwa vier Wochen erscheint er wieder an derselben Stelle - es ist eine Umdrehung der Sonne vollendet. Sie lässt es also langsamer angehen als die Erde, die in einem Tag herumkommt.

Über Jahre hindurch beobachtet, zeigen die Sonnenflecken sehr verschiedene Häufigkeit. Die Zeiten größter Häufigkeit wiederholen sich in etwa elf Jahren und stehen in interessantem Zusammenhang mit Vorgängen auf der Erde. Davon später, wenn wir die Natur dieser Flecken ergründet haben.

Die Physik hilft

Ein einfacher Versuch: Sperren wir das Sonnenlicht, das ins Zimmer fällt, durch eine Pappscheibe ab, die einen waagerechten Schlitz hat. Das Licht ist dann zu einem schmalen Streifen abgeblendet, der auf der Gegenwand einen weißen Strich (Bild des Pappausschnittes) erzeugt. Bringen wir einen Glaskörper in Form eines Daches, ein *Prisma* (Abb. 87), so in den Weg des Lichtstrahls, dass eine Kante des Prismas parallel zum Spalt steht, ist der weiße Strich auf der Gegenwand weg. Stattdessen sehen wir etwas tiefer an der Wand ein ganzes Rechteck, dessen oberer Rand rot und dessen unterer Rand violett ist.
Was ist geschehen?

- Der Lichtstrahl ist aus seiner Richtung abgelenkt (gebrochen, wie der Physiker sagt).
- Der Lichtstrahl ist auseinander gezogen in ein Band mit farbigen Rändern.

Macht man den Spalt immer schmaler, dann erhält man in der Mitte überhaupt kein Weiß mehr, sondern eine ununterbrochene Farbfolge (Rot, Orange, Gelb, Grün, Blau, Violett) mit allmählichen schönen Übergängen: das **Spektrum** (Abb. 88).

Abb. 87 Prisma

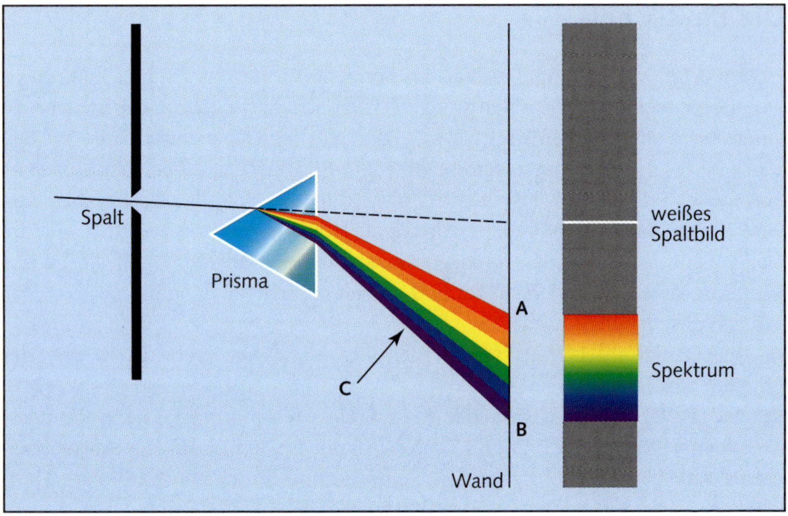

Abb. 88 Gewinnung des Spektrums

Diese Farbfolge, entstanden durch die Zerlegung des weißen Lichtes, kennen wir - etwas verwaschen oft - vom Regenbogen her (Regentropfen als Prisma). Die sichtbaren, das heißt von unserem Auge wahrgenommenen Farben sind jedoch noch nicht alles: Auch in A in Abb. 88 ist noch ein Bestandteil des Sonnenlichtes nachzuweisen, freilich nur mit dem Thermometer (Wärmestrahl); ebenso in B die *Ultraviolett*strahlung, dies jedoch nur chemisch oder fotografisch.

Aus allen diesen Bestandteilen setzt sich also unser Licht zusammen.

Sammle ich die Strahlen, indem ich etwa in C eine Sammellinse anbringe, die alles Licht in einen Streifen zusammenholt, dann erscheint wieder ein weißes Spaltbild. Alle Strahlen auf einmal ergeben Weiß. Scheide ich aber durch Ausblenden eine Farbe, etwa Blau, aus, dann erhalte ich kein Weiß mehr, sondern rötliches Licht. **Alle Bestandteile sind nötig, um in unserem Auge den Farbeindruck Weiß hervorzurufen.**

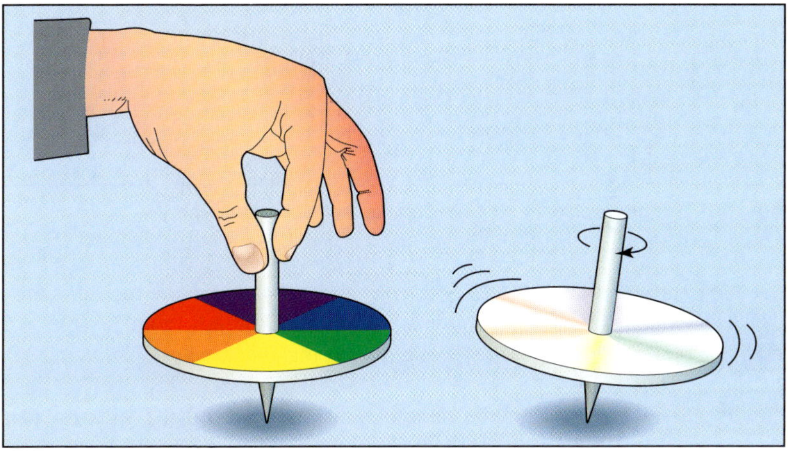

Abb. 89 Farbkreisel

Drehen wir einen Farbkreisel wie in Abb. 89 schnell genug herum, so sehen wir nicht mehr die Einzelfarben, sondern eine *weiße* Scheibe.

Als die Forscher diese Dinge weiter untersuchten, machten sie beim Sonnenlicht eine merkwürdige Entdeckung: In dem von ihnen durch mehr Prismen weiter auseinander gezogenen Spektrum fanden sich dunkle Linien senkrecht zur Längsrichtung des Spektrums, als wenn gewisse Farbnuancen ausgelöscht seien. Sie traten immer wieder an derselben Stelle auf.

Diese Linien, um deren Erforschung sich ihr Entdecker, der Deutsche Fraunhofer, sehr verdient gemacht hat – wir sprechen daher von **Fraunhoferschen Linien** –, sind in sehr großer Zahl vorhanden. Fraunhofer selbst fand schon 600. Heute kann man das Spektrum auf 30 m auseinander ziehen und kennt darin mindestens 20 000 Linien (Abb. 90).

Wie entstehen diese Linien, und was bedeuten sie?

Untersuchen wir das Licht, das ein heißer, glühender Körper aussendet, etwa ein glühendes Stück Metall, erhalten wir ein fortlaufendes Farbspektrum (*kontinuierliches* Spektrum) *ohne* Linien.

Abb. 90 Sonnenspektrum mit charakteristischen dunklen Linien

Bei Temperaturen von 4000 °C und mehr aber verdampfen die meisten Stoffe und senden ein für sie eigentümlich gefärbtes Licht aus, zum Beispiel das Natrium (im Kochsalz enthalten), oder, wenn man es in einer Gasflamme verdampft, gelbes Licht.
Untersuchen wir diese Dämpfe, dann beobachten wir ein ganz anderes Spektrum, nur einige *helle* Linien auf dunklem Grund. Die Zahl und Lage dieser Linien ist bei jedem Stoff, den wir verdampfen, anders. So liefert das Natrium eine gelbe Linie, die sich bei näherer Betrachtung als eine Doppellinie herausstellt (Abb. 91); andere Stoffe haben viel mehr Linien, das Eisen zum Beispiel über 1000.

Abb. 91 Ausschnitt aus dem kontinuierlichen Sonnenspektrum (Natriumlinie), darunter helle Linie des Linienspektrums des Natriumdampfes

Wir können Lage und Zahl der Linien für jeden Stoff messend festlegen. Verdampfen wir einen noch unbekannten Stoff, so lässt sich an den auftretenden Linien erkennen, ob es sich um Natrium, Eisen oder welchen Stoff auch immer handelt. Diese **Spektralanalyse** ist ein sehr wirksames Hilfsmittel des Chemikers.

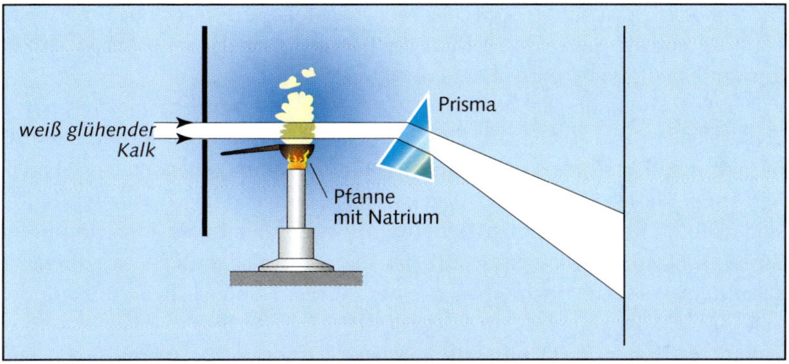

Abb. 92 Spektrale Untersuchung von Natriumdampf

Die hellen Linien liegen an derselben Stelle, wo beim Sonnenspektrum dunkle Linien auftreten. Besteht da ein Zusammenhang?

Erzeugen wir in einem Spektralapparat das Spektrum eines glühenden Dampfes, etwa Natrium, so ergibt sich auf dunklem Grund die bekannte helle Linie. Lassen wir aber außerdem das helle Licht weiß glühenden Kalks auf das Prisma fallen (Abb. 92), erhalten wir das Farbband dieses glühenden festen Körpers und genau an der Stelle der hellen Linien des Natriums jetzt dunkle Linien.

Ein Teil der von der Lichtquelle ausgehenden weißen Strahlen ist also von den Metalldämpfen ausgelöscht, *absorbiert* worden.

Je dicker die absorbierende Schicht ist, desto stärker wird die Linie verdunkelt. Blenden wir durch eine Pappscheibe das weiße Kalklicht ab, so wird die Linie sofort wieder hell.

Eine Wiederholung mit immer wieder anderen Stoffen zeigt, dass diese Absorption nur dann eintritt, wenn die Temperatur des absorbierenden Gases *niedriger* ist als die der strahlenden Lichtquelle.

Angewandt auf die Sonne und ihr Spektrum bedeutet das: Um die eigentlich strahlende, leuchtende Schicht der Sonne, die **Photosphäre,** müssen Gase liegen, die kälter sind als die Leuchtschicht.

Diese kältere Schicht, die Sonnen»atmosphäre«, ist aber auch noch sehr heiß, denn sie enthält Gase von Stoffen, die bei uns normalerweise nur in festem Zustand vorkommen, unter anderem Natrium.
Wir untersuchen nun alle Stoffe, die wir auf der Erde kennen, und stellen ihre Spektrallinien fest. Finden sich dieselben Linien im Sonnenspektrum, dann ist nachgewiesen, dass diese Stoffe auch auf der Sonne vorhanden sind. Ergebnis: Eisen, Nickel, Wasserstoff, Sauerstoff... kurz alle uns bekannten Stoffe sind auch an der Sonnenoberfläche nachzuweisen, und zwar in gasförmigem Zustand. Einen ungeheuren Schritt hat die menschliche Erkenntnis vorwärts getan und die chemische Natur eines Körpers untersuchen gelernt, der 150 000 000 km von der Erde entfernt ist!
Jeder Stoff hat seine bestimmte Temperatur, bei der er schmilzt und verdampft. Zum Beispiel wird Eisen bei 1500 °C flüssig und beginnt bei 3000 °C zu verdampfen. Die höchsten Verdampfungstemperaturen liegen zwischen 4000 und 6000 °C. Wenn diese Stoffe auf der Sonnenoberfläche also in gasförmigem Zustand vorhanden sind, muss sie derartig hohe Temperaturen haben.
Über die Temperatur eines Strahlers bekommen wir noch auf eine andere Art Auskunft: Bringen wir einen Eisendraht zum Glühen, so wird er bei etwa 500 °C in Rotglut geraten und mit zunehmender Temperatur immer heller zu leuchten beginnen, erst rötlich-gelb, dann fortwährend gelber. Im Spektrum überwiegt demgemäß zuerst das Rot, bei steigender Temperatur gewinnen die hellen Farben mehr an Kraft.
Genauer: **Mit zunehmender Temperatur verschiebt sich die hellste Stelle des Spektrums, und zwar zum Violett hin.** Misst man also die Helligkeit in den verschiedenen Farben des Spektrums, so ergibt sich daraus ein Maß für die Temperatur des Licht aussendenden Körpers.
Es lässt sich andererseits aber auch messen, wie stark die Sonnenstrahlen noch sind, wenn sie auf der Erde anlangen. Diese äußerst schwierige Messung kann man heute mit ziemlicher Sicherheit machen. Es stört dabei freilich die Lufthülle der Erde, die einen großen Teil der Sonnenstrahlung absorbiert, verschluckt. Man macht diese Messungen deshalb auf hohen Bergen, zum Beispiel auf dem kahlen, 2700 m hohen Montezuma in den chilenischen Anden, wo die Luft trocken und dünn, die Absorption also denkbar gering ist.

Bei Berücksichtigung aller Fehlerquellen ergibt sich, dass die Sonne jedem Quadratzentimeter der Erde in jeder Minute 8 Joule zustrahlt. Das ist so viel Wärme, wie man braucht, um ein Gramm Wasser um zwei Grad zu erwärmen.
Das scheint wenig, aber über die ganze Erdoberfläche kommen riesige Zahlen heraus. Die Sonne könnte eine Eisschicht von 40 m Dicke rings um die Erde in einem Jahr wegschmelzen. Bedenken wir ferner, dass die Erde nur einen verschwindend kleinen Anteil der Strahlung erhält, die von der Sonne nach allen Richtungen verschwenderisch ausgesandt wird (den 2 700 000 000. Teil!). Da wir die Entfernung der Sonne von der Erde kennen, lässt sich ausrechnen, wie viel Energie die Sonne ausstrahlen muss, um auf der Erde noch diese Wirkung auszuüben, wie riesig die Lichtstärke einer Lampe sein müsste, die ähnlich strahlte wie die Sonne.
Diese Zahl gibt uns auch einen Anhalt für die Temperatur, welche die Sonne haben muss. Auch aus diesen Messungen und Rechnungen ergibt sich der Wert 6000 °C für die Oberflächentemperatur, wie er nach den Spektraluntersuchungsergebnissen angenommen werden musste.
Wie ist es möglich, dass die Sonne derartig riesige Energiemengen in den Weltraum hinausstrahlt, ohne dabei selbst zu erkalten? Sie gibt doch diese Energiemengen schon fünf Milliarden Jahre ab, und eine Abkühlung konnte nicht beobachtet werden.
Zunächst vermutete man, dass eine reine Verbrennung vorliegt. Aber dann müsste die Sonne sich in einigen Zehntausenden von Jahren völlig verzehrt haben. Dann nahm man an, dass aus dem Weltraum kommende Brocken (Meteore) in die Sonne stürzend ihre Energie abgäben und damit den Ersatz lieferten. Wenn man damit die Leistung der Sonne erklären will, kommt man auf so große Massen, dass das ganze Sonne-Planeten-System durch sie in Unordnung geriete. Und irgendwelche Änderungen im Planetensystem sind nicht beobachtet worden. Auch die Vorstellung einer Schrumpfung der Sonnenkugel kann nicht aufrechterhalten werden.
Dagegen liefern die Ergebnisse der modernen Atomforschung eine mögliche Erklärung. Man muss annehmen, dass im Innern der Sonne sehr hohe Temperaturen herrschen, im Mittelpunkt 20 Millionen Grad. Bei so hohen Temperaturen besitzen die Atome derartig hohe Geschwindigkeiten, dass bei ihren

Abb. 93 Nur bei einer totalen Sonnenfinsternis ist die ausgedehnte Sonnenkorona sichtbar.

Zusammenstößen Atom-Umwandlungen eintreten, und zwar entstehen dabei aus Wasserstoff-Atomkernen Helium-Atomkerne.

Bei diesem Prozess werden ungeheure Energiemengen frei, die allerdings mit einem Masseverlust einhergehen. Angesichts der großen Masse der Sonne ist dieser Verlust jedoch so gering, dass sie noch Billionen von Jahren ausreichen wird, um die Energieverluste durch Ausstrahlung zu decken. **In den fünf Milliarden Jahren ihres Bestehens hat die Sonne erst einen kleinen Teil ihrer Masse verloren.** Auch der »Brennstoff«, Wasserstoff-Atomkerne, ist ausreichend vorhanden, denn die Sonne besteht größtenteils aus Wasserstoff.

Die Sonnenoberfläche ist also ein Meer glühender Dämpfe! Da können nicht immer geordnete Verhältnisse herrschen. Das sieht man so recht, wenn die

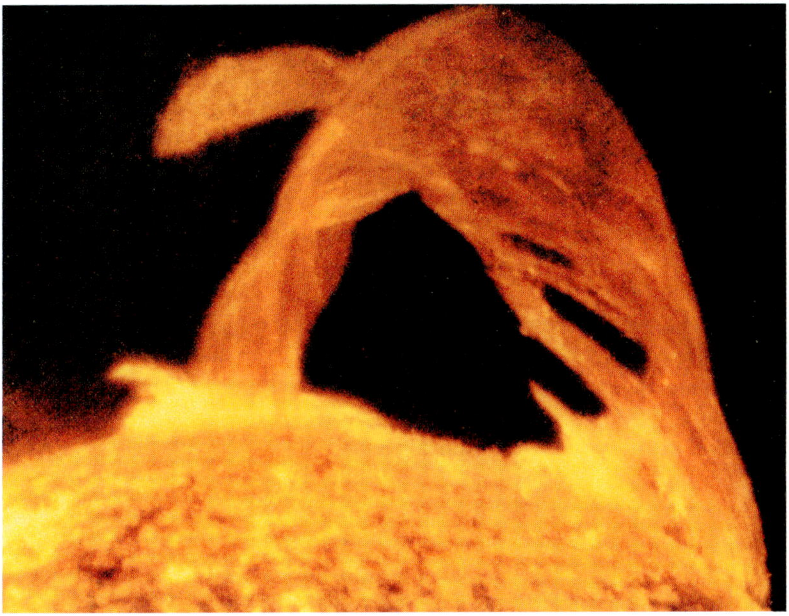

Abb. 94 Gigantische Sonnenprotuberanz am 19. Dezember 1973 (Foto: NASA)

Sonnenscheibe abgeblendet wird, wie das bei einer totalen **Sonnenfinsternis** der Fall ist. Die Astronomen reisen deshalb auch weit, um derartige Sonnenfinsternisse zu beobachten, die naturgemäß nicht auf der ganzen Erde zu sehen sind. Abb. 93 ist auf einer solchen Expedition aufgenommen worden. Ein heller Strahlenkranz von fantastischem Aussehen umgibt die Sonne, allmählich in das Dunkel des Weltalls übergehend. Und in dieser **Korona** der Sonne sieht man plötzlich aufflammende Fackelbrände, die **Protuberanzen** (Abb. 94).
Wenn man die Spektralwissenschaft befragt, erfährt man, dass es sich dabei um glühende Gase handelt, die mit einer unvorstellbaren Wucht weit von der Sonne weggeschleudert werden. Man ist heute nicht mehr auf eine Sonnenfinsternis angewiesen; durch spezielle Protuberanzen-Fernrohre sieht man

diese Erscheinungen jederzeit und an jeder Stelle der Sonne aufschießen. Sie sind ungeheuerlich in ihrer Größe; man sah sie innerhalb weniger Stunden schon über 800 000 km aufsteigen.
Die Oberfläche der Sonne ist in brodelnder Bewegung. Oberflächenstücke von der Größe Deutschlands entstehen und vergehen in Minuten. In dieser brodelnden Sonnenoberfläche erscheinen dunklere Stellen, kleine Poren. In ihrer Umgebung ist der Stoff spiralförmig angeordnet, wie es die unter besonderen Verhältnissen aufgenommene Abb. 95 zeigt (Aufnahme im »einfarbigen« Licht des Wasserstoffs).
Große Poren sind Sonnenflecken. Sie treten oft paarweise auf. Diese Störungsgebiete der Photosphäre ziehen die darüber liegenden Gasmassen der Sonnenatmosphäre in gewaltige Wirbel, die wie Orkane und Stürme der Erdatmosphäre toben. Elektrische Untersuchungsmethoden zeigen, dass es sich um Wirbel elektrisch aufgeladener Teile handelt, die ein Magnetfeld erzeugen. Und in der Tat, mit dem Kraftlinienbild eines großen Magneten hat die Abb. 95 große Ähnlichkeit.
Diese durch den Wirbel hochgerissenen Gasmassen kühlen sich stark ab, erscheinen uns also dunkler als die Umgebung, als Fleck auf der Leuchtschicht der Sonne. Nur wenn wir einen derartigen Wirbel gerade am Sonnenrand von der Seite sehen, erscheint er uns hell, als Protuberanz.
Die Wirbelbildung kann so lebhaft sein, dass feinste Teilchen bis in die Erdatmosphäre abgeschleudert werden. Diese erzeugen dann im Magnetfeld der Erde Störungen und bringen die leuchtenden **Nordlichter.**
Die Zeit größter Häufigkeit der Sonnenflecken ist in der Tat die Zeit stärkster Störungen des Kurzwellenfunkverkehrs, erdmagnetischer Störungen und stärkster Nordlicht-Tätigkeit auf der Erde.
Weitere Zusammenhänge wie Einflüsse auf die Erdbebenhäufigkeit, Niederschläge usw. sind wahrscheinlich.
Fassen wir zusammen:
Die Sonne besteht aus denselben Stoffen wie die Erde, ist aber ein glühender Ball, dessen leuchtende Schicht eine Temperatur von 6000 °C hat (Photosphäre). Im Inneren herrschen viel höhere Temperaturen.
Die Photosphäre ist gekörnt, lässt heiße, schnell wechselnde Ströme und Felder erkennen. Darüber liegt die etwas kühlere Gasschicht der Chromo-

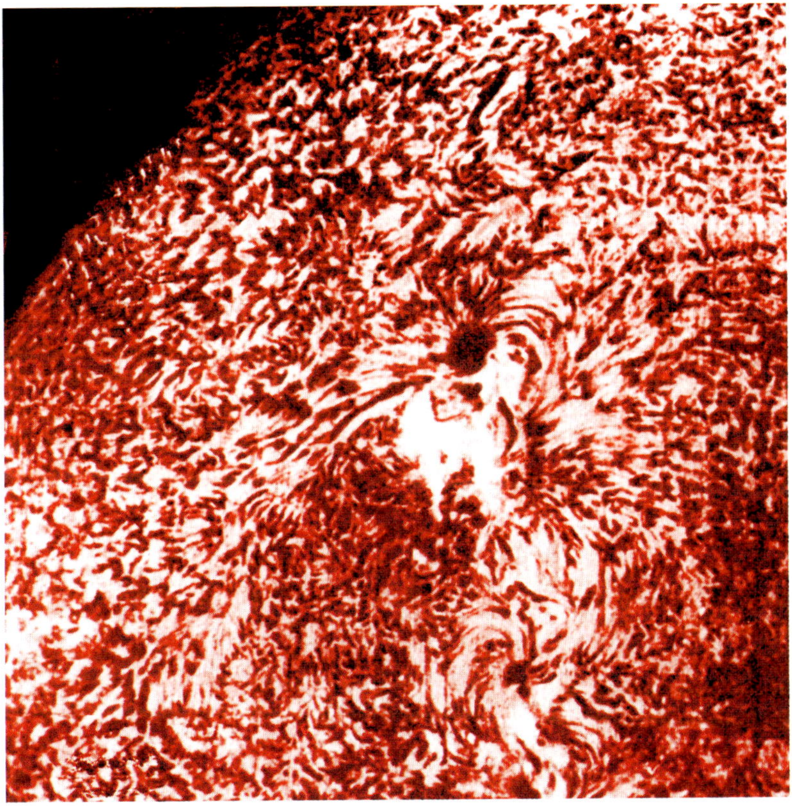

Abb. 95 Wirbel in der Umgebung von Sonnenflecken (Aufnahme im Licht einer Wasserstofflinie)

sphäre, die bei Finsternissen als rötlicher Rand der Sonne erscheint. Aus dieser Schicht lodern die Protuberanzen noch weit empor.

Sonnenflecken sind Störungsgebiete der Photosphäre, die aber die ganze Chromosphäre darüber in Wirbel ziehen und deren magnetische Felder die Erde stark beeinflussen können.

Planeten

Um das gewaltige Zentralgestirn Sonne kreist die Erde – doch nicht die Erde allein, sondern auch die anderen Wandelsterne, die zusammen mit der Sonne das **Sonnensystem** (Abb. 96) bilden. Bekannt sind bisher neun große und viele kleine. Sie alle senden kein eigenes Licht aus, sondern werden von der Sonne beschienen.

Der Sonne am nächsten steht der **Merkur,** es folgt in mittlerem doppeltem Abstand die **Venus,** als Abend- und Morgenstern bekannt. 108 Millionen Kilometer ist sie vom Sonnenmittelpunkt entfernt. Es folgt die **Erde** mit 150 Millionen Kilometern. Der nächste Planet, der **Mars,** bleibt 228 Millionen Kilometer von der Sonne ab, der dann folgende nächste, der **Jupiter,** schon 778 Millionen Kilometer (Tabelle auf Seite 196).

Zwischen Mars und Jupiter kreisen eine große Anzahl kleiner und kleinster Himmelskörper, die **Planetoiden,** die vielleicht Trümmer eines großen Plane-

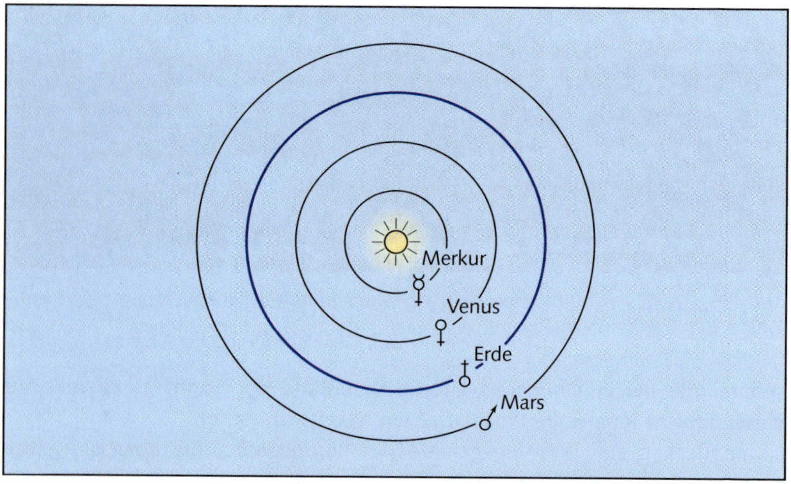

Abb. 96 Bahnen der sonnennahen Planeten im richtigen Verhältnis

ten sind, den in unendlich fernen Zeiten ein Weltenschicksal vernichtete (s. auch S. 130).

Der nächste Planet, der **Saturn,** ist noch einmal so weit entfernt wie der Jupiter. Riesenplaneten müssen es sein, wenn sie uns in dieser Entfernung, von der Sonne beschienen, noch als helle Lichtpunkte erscheinen und mit dem bloßen Auge wahrgenommen werden können. Sie sind schon lange bekannt, und man entdeckte erst in den letzten Jahrhunderten, dass noch weitere Planeten zu unserem System gehören, die wir aber mit bloßem Auge nicht mehr erkennen können: **Uranus** (2 871 000 000 km) und **Neptun** (4 497 000 000 km). Und erst seit 1930 kennt man den **Pluto,** der im Abstand von 5 908 000 000 km seine gewaltige Kreisbahn um die Sonne zieht, nur in Fernrohren noch erkennbar (Abb. 97).

Seit ein paar Jahren werden vermehrt »Miniplaneten« außerhalb der Bahnen von Neptun und Pluto entdeckt. Zu den am weitesten entfernten planetaren Körpern im Sonnensystem gehört auch das transneptunische Objekt mit der vorläufigen Bezeichnung 1994 TG2, das im Oktober 1994 mit dem 3,5-m-New Technology Telescope der ESO entdeckt wurde. 1994 TG2 ist wahrscheinlich 100 bis 200 km groß, umkreist die Sonne in einer Entfernung von 6,3 Milliarden Kilometern und vollendet einen Umlauf um die Sonne in 272 Jahren.

Doch damit nicht genug: Weit außerhalb der Neptunbahn existiert ein Gebiet (Kuiper-Gürtel), in dem sich geschätzte 200 Millionen eingefrorene Kometen aufhalten, die von Zeit zu Zeit durch die Schwerkraftwirkung eines der gro-

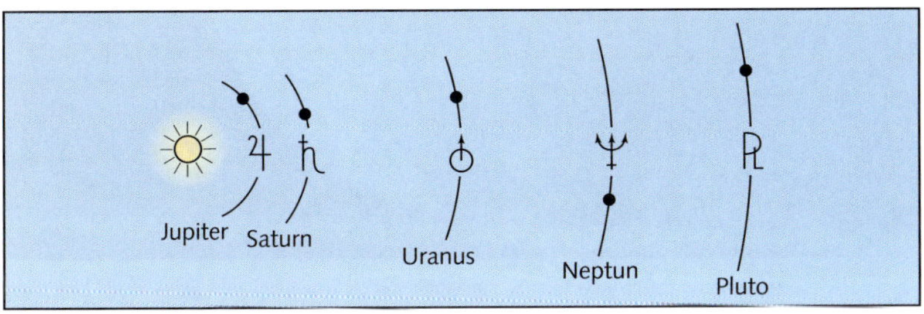

Abb. 97 Bahnen der sonnenfernen Planeten

ßen Planeten in das innere Sonnensystem gezogen werden, auf die Sonne zurasen und durch ausgasende Stoffe einen prächtigen Schweif entwickeln. Abb. 98 zeigt das **Kuiper-Gürtel-Objekt.**

Im Juni des Jahres 2002 wurde an der berühmten Palomar-Mountain-Sternwarte in Kalifornien der Kuiper-Gürtel-Asteroid **Quaoar** entdeckt. Quaoar kreist in eisiger Kälte weit draußen im Sonnensystem um die Sonne, mit 43-facher Strecke Sonne–Erde rund 40% weiter von der Sonne entfernt als Pluto. Der Durchmesser der Eiskugel beträgt 1250 km.

Alle Bahnen liegen fast in einer Ebene, sie sind genau genommen keine Kreise, sondern **Ellipsen,** wie man sie nach der Anleitung in Abb. 99 zeichnen

Abb. 98 Der Kuiper-Gürtel-Asteroid Quaoar kreist in eisiger Kälte weit draußen im Sonnensystem um die Sonne, 40% weiter von der Sonne entfernt als Pluto. (Illustration: NASA)

kann. Die Abweichung dieser Ellipsenbahnen der Planeten von der Kreisform ist aber nicht immer sehr stark.

Die Sonne steht, wie das 1. Keplersche Gesetz aussagt, nicht im Mittelpunkt dieser Ellipse, sondern in einem der beiden Brennpunkte (s. S. 71), außerhalb des Ellipsenmittelpunktes (Abb. 100).

Alle Planeten durchlaufen diese Bahn in demselben Sinne wie die Erde, und zwar in demselben Sinne, in dem auch die Erde sich um ihre Achse dreht und in dem der Mond um die Erde kreist, von Westen nach Osten.

Die Bahnen sind um kleine Winkel gegeneinander geneigt.

Die Geschwindigkeit eines Planeten auf seiner Bahn ist nicht immer dieselbe. Wenn wir wissen, dass die Massenanziehungskraft auch zwischen den Sternen wirksam ist und dass die Kraft von der Entfernung abhängt, genauer mit dem Quadrat der Entfernung der beiden Körper abnimmt (in doppelter Entfernung ist sie also nur noch ein Viertel), und nun bedenken, dass die Sonne im Brennpunkt, nicht im Mittelpunkt der Ellipse steht, dann wird klar, dass der Planet in Punkt A seiner Bahn in Abb. 100, also in Sonnennähe, schneller herumgezogen wird als in Punkt B, in Sonnenferne. Diesen Sachverhalt

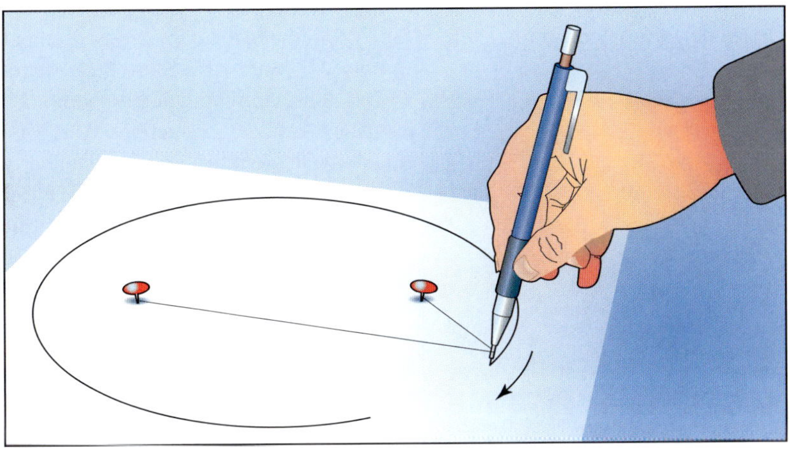

Abb. 99 So kann man eine Ellipse zeichnen.

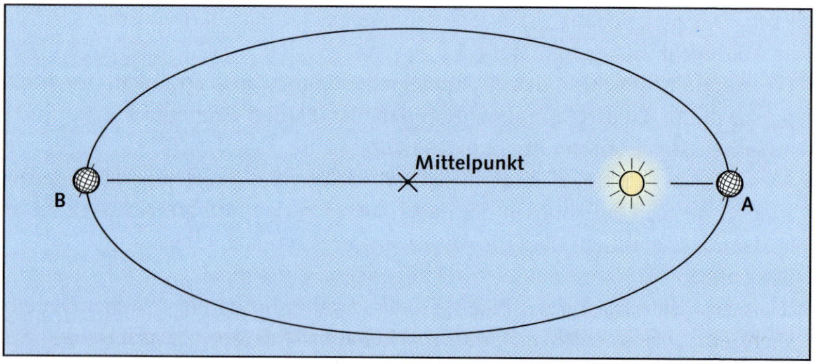

Abb. 100 Die Sonne steht im Brennpunkt der Ellipsenbahn.

drückt das **2. Keplersche Gesetz** in mathematisch einwandfreier Form aus: **Die Verbindungslinie Sonne–Planet überstreicht in gleichen Zeiträumen gleiche Flächen (Abb. 101).**

Aus den verschieden großen Geschwindigkeiten ergibt sich die verschiedene Dauer der einzelnen Jahreszeiten. Unser Winterhalbjahr vom 23. September bis 21. März ist sieben Tage kürzer als das Sommerhalbjahr vom 21. März bis 23. September. Die Erde steht im Winter in Sonnennähe – ein scheinbarer Widerspruch. Er löst sich, wenn man bedenkt, dass die Sonnenstrahlen im Sommer in Deutschland steiler einfallen und länger einwirken als im Winter.

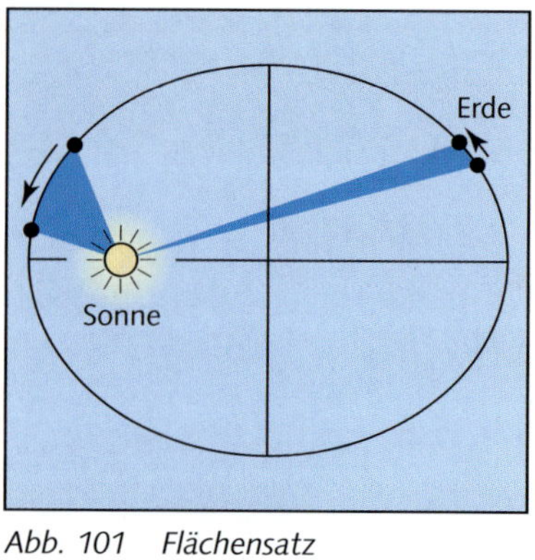

Abb. 101 Flächensatz

Wie lange brauchen die Planeten, um einmal um die Sonne herumzukommen? Je länger der Weg, desto größer ihre Umlaufzeit, ihr »Jahr«, wie die folgende Aufstellung zeigt:

Merkur		88 Tage
Venus		224 Tage
Erde		365 Tage
Mars	1 Jahr	322 Tage
Jupiter	11 Jahre	315 Tage
Saturn	29 Jahre	167 Tage
Uranus	84 Jahre	4 Tage
Neptun	164 Jahre	291 Tage
Pluto	248 Jahre	

Zwischen diesen Umlaufzeiten und den Halbmessern der Planetenbahn besteht ein Zusammenhang, den das **3. Keplersche Gesetz** festlegt:

Die Quadrate der Umlaufzeiten der Planeten verhalten sich wie die dritten Potenzen der großen Achsen ihrer Bahnen.

Rechnen wir die **Geschwindigkeiten** in dem uns geläufigen Maß Kilometer pro Sekunde aus, so erhalten wir abgerundet folgende Zahlen:

Merkur	48 km/s	Saturn	10 km/s
Venus	35	Uranus	7
Erde	30	Neptun	5
Mars	24	Pluto	5
Jupiter	13		

30 km in jeder Sekunde rast also die Erde auf ihrem Weg um die Sonne durch den Weltenraum? Ja, warum fliegen wir denn nicht mit dieser Geschwindigkeit geradlinig in den Weltenraum weg? Das **Massenanziehungsgesetz** erklärt es uns:

Jeder Körper zieht den anderen an, und zwar umso stärker, je größer seine Masse und je näher er ihm ist.

Während der Planet seine augenblickliche Geschwindigkeit und Richtung an sich (Trägheitsgesetz) beibehalten würde, wenn keine anderen Kräfte wirksam wären, wird er von der im Verhältnis zu ihm riesig großen Sonne so angezogen, aus seiner beabsichtigten Bahn abgelenkt, dass eine Kreisbahn entsteht.

Die Abb. 102 mit Sonne und Planeten im richtigen Größenverhältnis zeigt, dass die Abnahme der Entfernung nicht etwa mit einer Verkleinerung einhergeht.

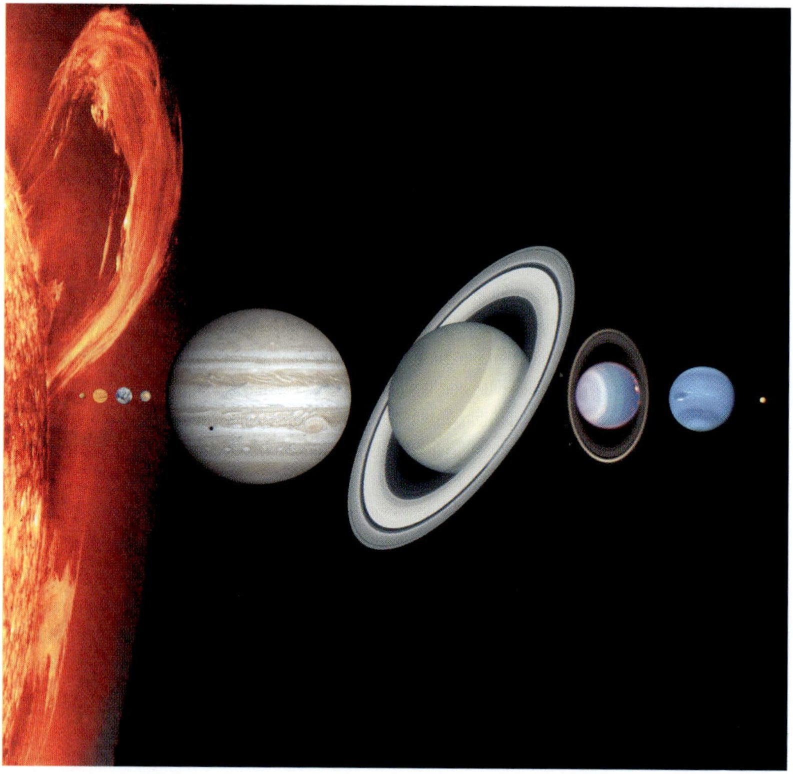

Abb. 102 Sonne und Planeten im richtigen Größenverhältnis. Von links nach rechts: Sonne, Merkur, Venus, Erde, Mars, Jupiter, Saturn, Uranus, Neptun, Pluto (Foto: Bernd Koch)

Der Abendstern

Von den Planeten, die man für die Schiffsortbestimmung beobachten kann, ist einer sogar am Tage zu sehen: die Venus.

Wir müssten eigentlich erst vom Merkur sprechen, aber da dieser Planet seine Bahn sehr eng um die Sonne legt, also nicht weit von ihr entfernt stehen kann, wird er meistens von ihr überstrahlt und kann nur unter besonderen Umständen mit bloßem Auge beobachtet werden. Dieser Himmelskörper kehrt der Sonne wahrscheinlich stets dieselbe Seite zu und ist daher recht ausgedörrt und besitzt fast keine Lufthülle.

Wenden wir unsere Aufmerksamkeit der Venus zu, die auch als Abend- und Morgenstern bekannt ist. Ihr Abstand von der Sonne beträgt im Mittel 108 Millionen Kilometer; sie kann also auf ihrer Bahn, wie es Abb. 103 zeigt, der Erde sehr nahe kommen (bis auf 41 Millionen Kilometer in 1 in der Abb.), sich aber auch bis auf 257 Millionen Kilometer entfernen (2). Sie erscheint uns dabei verschieden hell und verschieden groß (Abb. 104). Ihre maximale Helligkeit lässt Gegenstände in ihrem Licht Schatten werfen. Im Fernrohr er-

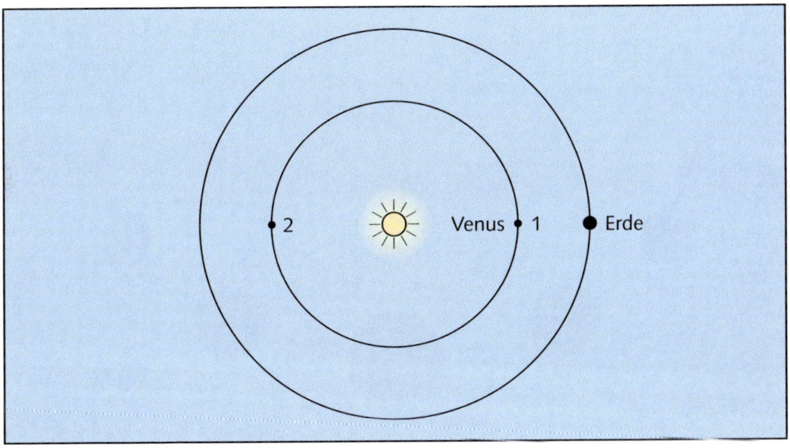

Abb. 103 Bahnen von Venus und Erde um die Sonne

Abb. 104 Vollvenus und schmale Sichel im richtigen Verhältnis

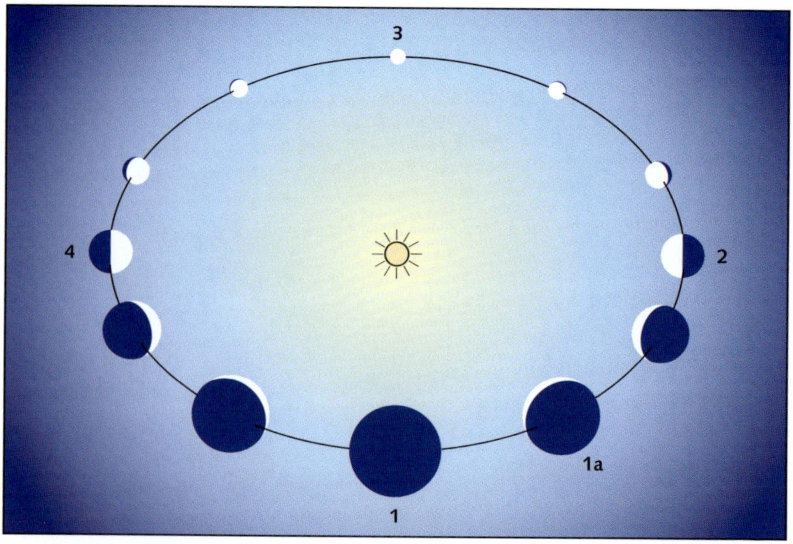

Abb. 105 Erklärung der Venus-Phasen

scheint sie als Sichel, als volle Scheibe usw. Das heißt, sie hat Phasen, wie wir sie vom Mond her kennen. Abb. 105 verdeutlicht, wie wir uns diese Phasen zu erklären haben.
Wenn der Beobachter auf der Erde Sonne und Venusbahn so sieht wie in Abb. 105, wird die Venus ihm in 1 die unbeleuchtete Seite zukehren (wie Neumond möchte man »Neuvenus« sagen), in 3 wird er ihre volle Scheibe sehen (Vollvenus), in 2 und 4 werden erstes und letztes Viertel beobachtet. In 1a wird eine schwache Sichel erscheinen, die der Erde jedoch so viel näher ist als die Vollvenus in 3, dass man sie wesentlich heller sieht, etwa wie in Abb. 104.
Wie Abb. 106 zeigt, kann die Venus sich um nicht mehr als 47° von der Blickrichtung Sonne – Erde entfernen. Sie geht also immer eine gewisse Zeit vor oder nach der Sonne auf oder unter und ist niemals nachts am Himmel zu sehen wie die außerhalb der Erdbahn stehenden Planeten Jupiter und Saturn.
Früher meinte man, es gäbe einen Morgenstern und einen Abendstern. Doch die Venus ist, wie wir sehen, beides in einem. Wenn sie sich in der Position V_1

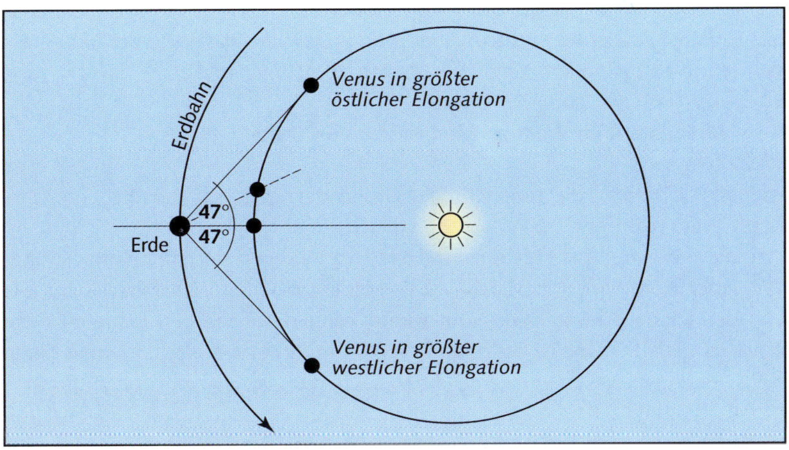

Abb. 106 Venus in größter Elongation

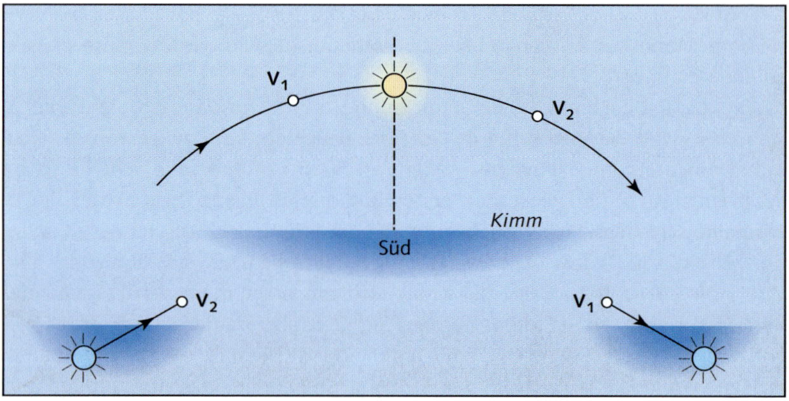

Abb. 107 Venus als Morgen- und Abendstern

in Abb. 107 befindet, geht sie nach der Sonne unter und ist als heller Stern am Abendhimmel sichtbar, wenn die Sonne schon versunken ist.
Steht sie jedoch in V_2, geht sie vor der Sonne unter; sie kann also abends nicht mehr beobachtet werden. Aber morgens erscheint sie vor der Sonne am sich schon aufhellenden Himmel im Osten als Morgenstern.

Also: Abendstern im Westen, Morgenstern im Osten.

Ist nun die Venus, die ungefähr die Größe der Erde hat, ein der Erde ähnlicher Weltenkörper?
Wie die Erde strahlt sie nicht selbst, sondern wird von der Sonne angestrahlt. Wie aber sieht ihre Oberfläche aus? Fotografien der Venusoberfläche wie von der Sonne oder gar wie vom Mond können wir bei den Planeten nicht erwarten. Die Scheibe ist auch in großen Fernrohren so klein, dass man daran nicht mehr viel erkennen kann. Aber auch die »visuelle« Beobachtungsmethode (das heißt Beobachten mit dem Auge), die sich für die Planetenforschung immer noch bewährt, bringt uns bei der Venus nicht viel weiter. Erst die Messungen der Raumsonden geben uns nähere Auskünfte (Abb. 108).

Abb. 108 Die Raumsonde Voyager 1. Als erfolgreichste aller Raumsonden flog sie bis zum Planeten Neptun. Die Raumsonde Magellan (ohne Abb.) umkreiste die Venus. (Foto: NASA)

Wir werden nie visuell die Frage beantworten können, ob Menschen auf der Venus wohnen, denn es zeigt sich, dass sie von einer dicken Wolkenschicht und Lufthülle umgeben ist, die uns keinen Blick auf die Oberfläche des Planeten gestatten. Diese Lufthülle ist ganz anders geartet als die der Erde, denn sie enthält keinen Wasserdampf, keinen Sauerstoff, dagegen 96,4% Kohlendioxid, ein giftiges Gas. Also wird es auch kein Leben in unserem Sinne auf der Venus geben. Die Oberflächentemperatur beträgt 470 °C bis 500 °C. Bezogen auf den Stand der Sterne dauert ein Tag auf der Venus immerhin 243 (!) Erdtage. Venus rotiert als einziger Planet des Sonnensystems retrograd, das heißt von Norden aus gesehen im Uhrzeigersinn um seine eigene Achse. Und da der Umlauf des Planeten um die Sonne nur 225 Tage beträgt, ist kurioserweise ein Venustag länger als ein Venusjahr.
Merkur und Venus haben keinen Mond als Begleiter.

Die Erde als Planet

Der nächste Planet in unserem System ist die Erde. Betrachten wir sie als Planeten der Sonne also etwas genauer.
Zunächst: Die Erde ist eine Kugel. Wir beobachteten ihre Krümmung, fanden ihren Schatten kreisförmig begrenzt und erinnerten uns an die Weltumseglungen.
Wie groß ist diese Kugel? Die Messung des gesamten Erdumfanges ist bei der Holprigkeit der Erde, über Meer und Land, natürlich nicht durchführbar; es wird vielmehr immer nur ein Teil genau vermessen. Das Ergebnis dieser Messungen ist 40 000 km – eine Zahl, die einmal dazu gedient hat, das Welteinheitsmaß Meter festzulegen, als man all die verschiedenen Maße wie Fuß, Zoll usw. abschaffen wollte.
Genaue Messungen haben ergeben, dass die Erde nicht eine Kugel, sondern zu den Polen hin abgeplattet ist – eine Folge der Drehung dieses in sich nicht festen Körpers um seine Achse. Denn bei jeder Drehbewegung haben die Teilchen des gedrehten Körpers das Bestreben, von der Achse wegzukommen (Fliehkraft). Es ist:

Poldurchmesser der Erde	12 714 km
Äquatordurchmesser der Erde	12 756 km

Dieser Unterschied ist verschwindend gering, verglichen mit dem Durchmesser, und nur für genauere Untersuchungen zu berücksichtigen. Auch die Berge stellen ja nur kleine Unebenheiten auf der Erde dar, die das Gesamtbild von der Kugel nicht beeinträchtigen.
Die Lufthülle um die Erde ist nur etwa 1000 km dick, und die eigentlichen Wettervorgänge spielen sich in einer unteren Schicht von nur 10 km ab.
Das Gewicht der Erdkugel beträgt 6 000 000 000 000 000 000 000 000 kg, also sechs Quadrillionen Kilogramm.
Doch wie ermittelt man das Gewicht?
Wir wissen, dass alle Körper sich anziehen. Was bedeutet der Berg A in Abb. 109 für ein in der Nähe aufgehängtes Pendel? Wäre der Berg nicht da, würde es senkrecht nach unten zum Erdmittelpunkt hin zeigen. Durch den Berg aber wird es in die Lage BC' abgelenkt. Dieser Ausschlag ist klein, da

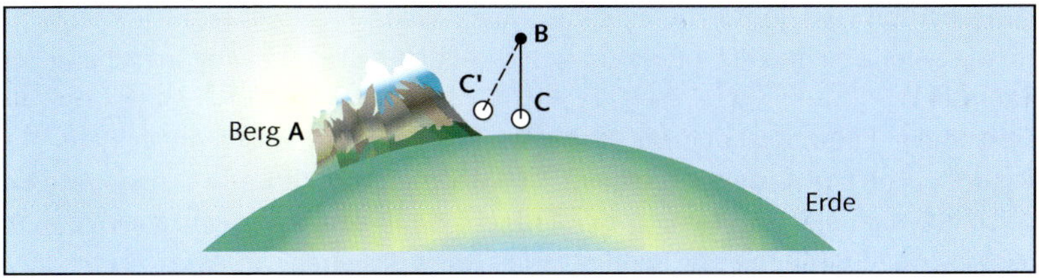

Abb. 109 Berg A lenkt das Pendel ab.

das Gewicht der Erde riesig ist im Vergleich zum Berg, aber er ist messbar. **Das Verhältnis der Gewichte Erde – Berg bestimmt die Größe der Ablenkung.** Wenn ich die Dichte des Berges kenne, so folgt aus dem Versuch die Dichte der Erde selbst, mit deren Hilfe ich dann das Gesamtgewicht berechnen kann, da ich den Rauminhalt kenne.
Nun haben aber die Stoffe an der Oberfläche der Erde eine geringere Dichte, sind leichter als die nach dem obigen Versuch bestimmte Durchschnittsdichte. Das bedeutet, dass sich im Innern der Erde Stoffe großer Dichte befinden müssen, wie Eisen oder Gold zum Beispiel, die viel schwerer sind als die Erdmasse an der Oberfläche.
Es wird sich um Eisen handeln. Denn auch alle die Brocken, die aus Weltraumfernen auf die Erde stürzen, die Meteorite, bestehen meist aus Eisen, das demnach wohl ein Hauptbaustein der Weltkörper ist.
Das Innere der Erde ist anscheinend glühend. Sie ist ein sich langsam abkühlender Himmelskörper, der einst ein glühender Gasball war wie die Sonne. Bedingt durch die Abkühlung konnte sich eine feste Kruste bilden. Wenn wir diese Kruste jedoch anbohren (Bergwerk, Erdölbohrung), wird es mit zunehmender Tiefe immer wärmer. Über den Kern können wir keine direkten Aussagen machen.
Diese Kugel dreht sich. Können wir die Drehung auch beweisen? Schon die Erdabplattung lässt sich kaum anders erklären; es gibt aber auch andere Beweise. Einer von vielen ist der **Pendelversuch.**
Hänge ich ein Pendel (ein Gewicht an einem Band) etwa an einem Kronleuchter auf und versetze es in Schwingungen, dann wird es seine Schwin-

gungsrichtung im Raum beibehalten, auch wenn ich den Kronleuchter vorsichtig und gleichmäßig herumdrehe. Es behält seine Schwingungsebene im Raum bei.
Es war der Franzose Foucault, der im Jahre 1850 im Pantheon in Paris ein Pendel von 67 m Länge mit einem Pendelkörper von 25 kg in Schwingungen versetzte, um die Umdrehung der Erde zu beweisen. Langsam änderte sich die Schwingungsebene des Pendels. Was war geschehen?
Nun, das Pendel schwang im Weltraum in seiner Schwingungsebene weiter, aber die Erde drehte sich unter ihm weg und mit ihr der ganze Dom.
Weitere Beweise sind erbracht. Der Kreiselkompass beispielsweise zeigt deshalb nur Nord an, *weil* die Erde sich dreht, und die Ablenkung der Winde ist eine Folge der bei der Drehung der Erde auftretenden Fliehkräfte.
Die Erde dreht sich an einem Tage einmal um ihre Achse. Das bedeutet für einen Punkt am Äquator: 40 000 km in 24 Stunden. Das sind 1670 km in der Stunde oder ein halber Kilometer in der Sekunde.
Eigentlich müsste dadurch eine mächtige Fliehkraft entstehen, doch die Erde hält uns mit ihrer Riesenanziehungskraft eisern fest und die Lufthülle mit. Wir sind diese Bewegung seit Urahnenzeit gewöhnt. Erst wenn die Erde sich langsamer bewegen würde, würden wir etwas merken. Solange wir uns in erschütterungsfreier Fahrt im InterCity oder auf einer Schnellfähre befinden, registrieren wir auch nicht, dass wir fahren. Die Fahrt wird uns erst dann bewusst, wenn das Fahrzeug anfährt oder stoppt.

Die Lufthülle stört

Die Lufthülle der Erde hat einige interessante Wirkungen auf die Abbildung eines Sterns. Das Licht der Sterne muss die nach der Erde zu immer dicker werdenden Luftschichten durchlaufen. Geht ein Lichtstrahl, so lehrt die Physik, von einem dünneren in ein dichteres Mittel über, so wird er aus seiner Richtung abgelenkt, gebrochen (Abb. 110).
Das Auge aber vermutet den Stern in der Richtung, aus der es den Lichtstrahl erhält, es sieht ihn also scheinbar höher, als er in Wirklichkeit steht. Das wird besonders bei kleinen Höhen wirksam, weil dann die durchlaufene Luft-

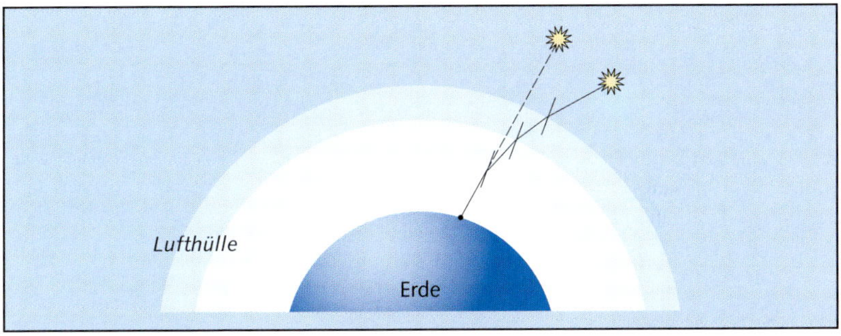

Abb. 110 Wirkung der Strahlenbrechung in der Lufthülle der Erde

schicht dicker ist. Die »Hebung« der Sterne beträgt an der Kimm etwa eine Vollmondbreite. Wir sehen morgens die Sonne schon, wenn sie in Wirklichkeit noch gar nicht über der Kimm steht. Umgekehrt ist sie bereits unter der Kimm, wenn wir sie abends noch als Ball am Himmel stehen sehen. Die Erscheinung verfrüht also den Aufgang, verspätet den Untergang. In Polargebieten bedeutet dies, dass man die Sonne noch tagelang über der Kimm sieht, nachdem sie eigentlich schon verschwunden ist.

Auch die auffällige Tatsache, dass die Sonne oder der Mond beim Auf- oder Untergang wie ein Ei zusammengedrückt erscheint, erklärt sich aus dieser Erscheinung, denn die tiefen Punkte werden mehr gehoben als die hohen.

Je länger der Weg durch die Luft, desto mehr wird von dem Licht auch verschluckt. Das bedeutet: Steht ein Stern im Zenit, so hat das Licht einen kleineren Weg durch die Luft zurückzulegen als in der Kimm. Der Stern 1 in Abb. 111 im Zenit erscheint uns daher heller als der gleich helle (2) in der Nähe der Kimm.

Und da gerade die unteren Luftschichten meist sehr unruhig und durcheinandergewirbelt sind, Staub enthalten, sehen wir das Sternlicht in Kimmnähe funkeln, zittern, während die Sterne im Zenit ruhig und still leuchten.

Dass diese Einflüsse auf den Lichtstrahl den Astronomen schweres Kopfzerbrechen machen, ist klar, und wir verstehen nun, warum man Sternwarten möglichst hoch in der klaren Höhenluft der Berge errichtet.

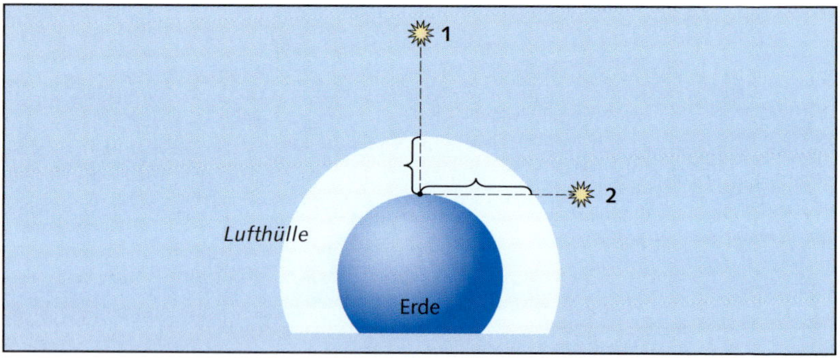

Abb. 111 Der Weg durch die Lufthülle ist verschieden lang.

Der Tag geht nicht schlagartig in Nacht über, es dämmert. **Diese Dämmerung wird umso kürzer, je mehr wir uns den Tropen nähern.** In den Tropen selbst ist sie äußerst kurz.
Wie kommt das?
Die in der Luft enthaltenen Staubteilchen werfen das Licht der schon lange unter der Kimm stehenden Sonne noch eine Zeitlang auf die Erde zurück, sodass dort noch eine kleine Aufhellung auftritt. Je weiter wir in die Tropen kommen, desto steiler versinkt die Sonne, desto schneller hört diese Möglichkeit auf.
Trifft Licht auf sehr kleine Hindernisse, so wird es, wie wir eben hörten, nach allen Richtungen zerstreut. Diese Zerstreuung ist aber nicht bei allen Bestandteilen des Lichtstrahls gleich stark. Blaues Licht wird stärker zerstreut als rotes. **Das ist der Grund dafür, dass wir den Himmel blau sehen.**
Die Himmelsforscher vermeiden heute die Störungen durch die unteren Schichten der Atmosphäre, indem sie ihre Instrumente von großen Ballonen in 30 bis 40 km Höhe tragen oder in Satelliten eingebaut in noch viel größeren Höhen um die Erde kreisen lassen. Diese Instrumente können dann auch infrarote, ultraviolette oder noch kurzwelligere Strahlungen aufnehmen, die von der Lufthülle verschluckt werden. Wichtige neue Erkenntnisse sind auf diese Weise schon gewonnen worden.

Von der Zeit

Die Umdrehung der Erde um ihre Achse erfolgt mit so großer Regelmäßigkeit, dass sie uns als Zeitmaß dienen kann.
Beobachten wir zum Beispiel, wann die Sonne ihren höchsten Stand hat (den Himmelsmeridian passiert). Wenn sie am nächsten Tag den Himmelsmeridian wieder passiert, ist ein Tag um. Dieser Zeitraum Tag wird dann in 24 Stunden eingeteilt, jede Stunde in 60 Minuten, jede Minute in 60 Sekunden.
Benutzen wir einen Fixstern zu dieser Beobachtung, so bekommen wir eine um vier Minuten kleinere Zeiteinheit heraus, denn im Laufe des einen Tages hat sich ja auch die Sonne bewegt, und zwar gegen den täglichen Drehungssinn um ein bekanntes Stück an der Himmelskugel.
Wir müssen also **Sterntag** und **Sonnentag** unterscheiden.
Der Mensch benutzt den Sonnentag, weil die Sonne das Gestirn ist, das er beobachten kann, das seinen Tageslauf beherrscht.
Allerdings zeigt es sich, dass die Sonne eigentlich kein geeigneter Zeitmesser ist, denn sie bewegt sich auf der Ekliptik nicht ganz gleichmäßig. Sie steht nicht im Mittelpunkt, sondern im Brennpunkt der Erdbahn. In Sonnennähe läuft die Erde schneller, in Sonnenferne etwas langsamer. Es würde also auch ein Sonnentag im Sommer und Winter verschieden lang ausfallen.
Wir arbeiten daher mit einer gedachten **mittleren Sonne,** die mit gleichmäßiger Geschwindigkeit läuft. Der Unterschied in den Stellungen der wahren und der mittleren Sonne ist bekannt. Es starten gewissermaßen beide Sonnen von demselben Ort, der Unterschied ist dann Null. Wenn die Sonnen wieder beide an dieser Stelle stehen, ist ein Jahr um.
Nun wissen wir, dass Zeitangaben immer nur für Orte derselben geographischen Länge gemacht werden können. Wenn bei uns in Deutschland Mittag ist, ist gleichzeitig an der uns gegenüber liegenden Stelle der Erde Mitternacht. Wenn in China Mitternacht ist, geht die Sonne in Istanbul erst unter, Spanien hat Nachmittag, Amerika Vormittag. Ich kann meine Uhr immer nur für einen bestimmten Ort, auf eine **Ortszeit** einstellen. Wer nördlich oder südlich von mir wohnt, hat dieselbe Zeit, wer östlich wohnt, hat früher, wer westlich wohnt, später Mittag.
Das veranschaulicht auch Abb. 50 auf Seite 53. Da die Sonne auf ihrem täg-

lichen Weg im Osten eher Mittag zeigt, erst später zu den westlichen Ländern kommt, erst später dort Mittag zeigt, würde natürlich in Deutschland fast jeder Ort eine andere Zeit haben. Nur die Bewohner ein und desselben Meridians hätten dieselbe Zeit.

Das ist äußerst unzweckmäßig und unpraktisch. Daher kam man irgendwann auf die Idee der **Zonenzeit (ZZ).** Man teilte die Erde in 24 Zeitzonen auf; da 360° : 24 = 15° sind, wurde jede Zeitzone 15 Längengrade breit. Jeder 15. Längengrad wurde zur Mitte einer solchen Zeitzone; jeweils 7,5° östlich und westlich gilt die **mittlere Ortszeit (MOZ)** dieses Meridians. Für unsere **mitteleuropäische Zeit (MEZ)** ist 15° Ost der Grundmeridian. Der **mitteleuropäischen Sommerzeit (MESZ)** liegt die mittlere Sonnenzeit des Meridians 30° Ost zugrunde.

Die Zonenzeit (ZZ) hat den Vorteil, dass Uhren bei Reisen zwischen Ost und West nur noch um volle Stunden verstellt werden müssen. Manchmal gingen solche Zonenzeit-Grenzen jedoch quer durch ein Land oder gar eine Stadt hindurch. Deshalb schuf man die **gesetzliche Zeit (GZ),** die von der Zonenzeit abgeleitet ist, die im Allgemeinen der **Winterzeit (WZ)** entspricht.

Für den Navigator auf hoher See sind die verschiedenen Formen der Zeit unbrauchbar; er muss eine einheitliche Zeit haben, auf die sich die Vorausberechnungen seiner Nautischen Jahrbücher beziehen. Das ist die **koordinierte Weltzeit UTC** (Universal Time Coordinated), die vom Internationalen Büro für die Zeit aus den Anzeigen von Atomuhren berechnet wird. Sie ist auch die Grundlage der **Zeitzeichen**-Sendungen und der gesetzlichen Zeit (GZ).

In den Jahrbüchern für die astronomische Navigation finden wir auch die Abkürzung **UT1.** Diese Zeit wird durch astronomische Beobachtungen bestimmt. Sie beruht auf der Erdrotation und wächst ungleichförmig und zudem langsamer als die durch Atomuhren gemessene Zeit. Die UTC wird im Bedarfsfall an die UT1 angeglichen, sodass der Zeitunterschied nie mehr als 0,9 Sekunden ausmacht.

Für die Navigation an Bord können UTC und UT1 wegen des geringen Unterschieds gleichgesetzt werden.

An Bord brauchen wir also UTC und UT1 für die Navigation, ZZ für Wachpläne und das Leben auf See, GZ für die Kontaktaufnahme mit Land.

Für die astronomische Beobachtung ist die gewöhnliche Borduhr nicht zu gebrauchen; vielmehr benötigt man dazu eine spezielle **Beobachtungsuhr.** In

der professionellen Seefahrt werden **Chronometer** als Beobachtungsuhren gefahren, die vom Bundesamt für Seeschifffahrt und Hydrographie (BSH) baumustergeprüft und zugelassen sein müssen. Diese Präzisionsuhren sind entsprechend teuer, für die Sportschifffahrt aber nicht erforderlich. Die heutigen Quarzarmbanduhren reichen für diese Zwecke vollständig aus.
Zum Schluss noch ein Wort über den **Kalender.** Der Umlauf der Sonne um die Erde dauert nicht so genau ein Jahr oder 365 Tage, wie wir gesagt haben; ein kleiner Rest muss raffiniert berücksichtigt werden. Das Jahr hat 365 Tage, 5 Stunden und 49 Minuten. Der Kalender würde sehr bald in Unordnung geraten, wenn wir nicht alle vier Jahre einen **Schalttag** einschöben. 4 mal 5 Stunden 49 Minuten ergeben aber auch nicht genau einen Tag, sodass man alle 400 Jahre drei Schalttage ausfallen lassen muss. Das geschieht in den Jahrhundertjahren, mit Ausnahme der durch 4 teilbaren. 1700, 1800, 1900 waren also keine Schaltjahre, das Jahr 2000 aber war wieder eines.

Der Mond

Wir wissen bereits, dass auch der Mond eine Kugel ist, die aber, als unser Mond, um die Erde kreist (Abb. 112), und wir wissen, dass er recht klein ist. Sein Durchmesser beträgt nur 3476 km; sein Volumen ist der 50. Teil der Erde, sein Gewicht nur der 81. Teil. Die mittlere Entfernung Erde – Mond beträgt rund 384 400 km. Der flinke Lichtstrahl erreicht ihn also in gut einer Sekunde. 30 Erdkugeln aneinandergereiht würden die Entfernung zum Mond überbrücken.
In 27,3 Tagen vollendet er seinen Umlauf um die Erde, in einer Stunde schon wandert er sichtbar zwischen den Fixsternen weiter, etwa um einen Monddurchmesser.
Die Zeit von Vollmond zu Vollmond, die wir Monat nennen, beträgt jedoch 29 $^1/_2$ Tage, da die Sonne in der Zwischenzeit auch weiterrückt.
Der Mond führt also folgende Bewegungen aus:
- um die eigene Achse
- um die Erde
- mit der Erde zusammen um die Sonne

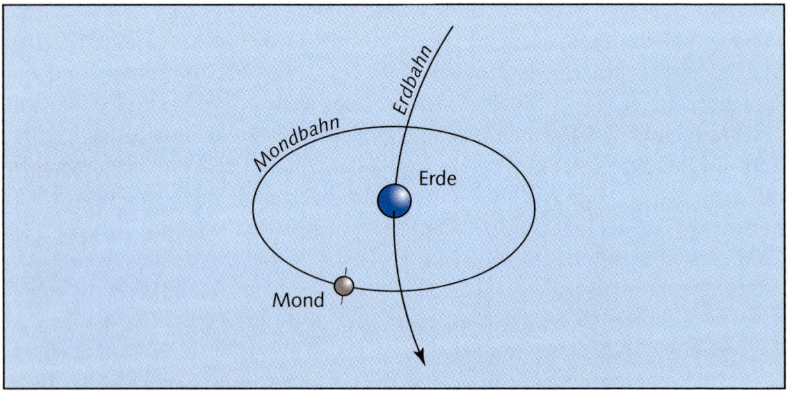

Abb. 112 Der Mond umkreist die Erde auf einer elliptischen Bahn.

Auch die Mondphasen machten wir uns schon klar (Abb. 57) sowie die Möglichkeit einer Mondfinsternis (S. 63/64). Was wissen wir aber von ihm selbst, seiner Beschaffenheit, seiner Oberflächengestaltung?

Er steht uns als einziger Himmelskörper so nahe, dass wir schon mit dem bloßen Auge auf seiner Oberfläche Gebilde ausmachen können, welche die Phantasie des Volkes zum Beispiel als Mann im Mond bezeichnet. Man sieht eine Reihe von hellen und dunklen Stellen, die immer in der gleichen Lage zueinander bleiben. Das bedeutet, dass der Mond uns stets dieselbe Seite zukehrt. Er muss sich also in der Zeit eines Umlaufes um die Erde einmal um seine eigene Achse drehen.

Das Fernrohr zeigt uns, dass die dunklen, grauen Stellen verhältnismäßig eben, die helleren dagegen gebirgig sind (Abb. 113). **Die ersten Beobachter hielten diese grauen Stellen für Meere, und diese Bezeichnung hat man beibehalten, obgleich man heute weiß, dass es sich nicht um Meere handelt.** Abb. 114 zeigt den Anblick des Mondes im ersten Viertel, so wie ihn moderne Fernrohre uns erschließen.

Die Zeit des ersten oder letzten Viertels eignet sich besonders gut zum Beobachten der Einzelheiten auf der Mondoberfläche, weil das Bild durch die

Abb. 113 Zunehmender Mond im Alter von zehn Tagen nach Neumond (Foto: Bernd Koch)

Abb. 114 Nördlicher Teil des zunehmenden Mondes mit Mare Serenitatis und dem Alpental. Der helle Punkt ist ein Lichtreflex des Mondberges Mons Piton im Mare Imbrium. (Foto: Bernd Koch)

Schatten, welche die hohen Berge im Licht der auffallenden Sonne werfen, am ausdrucksreichsten ist. Der Mond wirkt dann nicht mehr wie eine Scheibe, sondern plastisch wie eine Kugel. An der Schattengrenze sehen wir Lichtauszackungen. Das sind vom Licht noch getroffene Bergspitzen, während im Tal schon Dunkel herrscht.

Grell ist das Licht der beleuchteten Spitzen, grell der Übergang zum Dunkel. Nirgends finden wir Übergänge in Zwischentönen. **Am Rand des Bildes erkennen wir keinerlei Unschärfe. Das liegt daran, dass der Mond keine Lufthülle, keine Atmosphäre besitzt.** Er ist ein vollkommen erkalteter Himmelskörper, der das Sonnenlicht reflektiert. Zwei Wochen wird seine uns zugewandte Seite von der Sonne beschienen, und die Gesteinsmassen erwärmen sich dabei auf 100 bis 150 °C.

Zwei Wochen aber versinkt sie dann im Dunkel und damit in Weltraumkälte von bis zu –150 °C.

Keine Atmosphäre – das bedeutet: Kein Wind weht, kein Wasser ist vorhanden, das Wolken bilden könnte, kein Sauerstoff, also kein Leben. Nicht einmal Schall gibt es dort. Feuerte man eine Kanone ab, man würde es nicht hören. Man weiß heute recht genau auf dem Mond Bescheid. Bei 1000-facher Vergrößerung holt man ihn aus 384 400 km Entfernung auf 384 km heran, was etwa der Entfernung Bremen – Berlin entspricht. Jede Einzelheit liegt klar da, sodass wir mittlerweile jeden Winkel der uns zugewandten Seite des Mondes kennen. Seit vielfach Raumsonden den Mond umkreist haben, gibt es auch Aufnahmen von seiner Rückseite. Sie lassen darauf schließen, dass diese Seite eine ähnliche Oberflächengestaltung hat wie die uns zugewandte.

Während es sich bei den Meeren um tief liegende, verhältnismäßig ebene Gebiete handelt, durchzogen von Geländewellen und Furchen, manchmal mit Trümmern, Kratern und einzelnen Ringgebirgen bedeckt, sind die hellen Regionen ein Gewirr von Gebirgen.

Diese zum Teil recht hohen Mondgebirge lassen sich ziemlich genau messen. Man denke daran, dass der Schatten beispielsweise eines Mastes mit der Höhe der Sonne verschieden lang ist. Der Mathematiker kann aus der Länge des Schattens und der Höhe der Sonne rückwärts die Länge des Mastes berechnen. Auf den Mondberg übertragen heißt das:

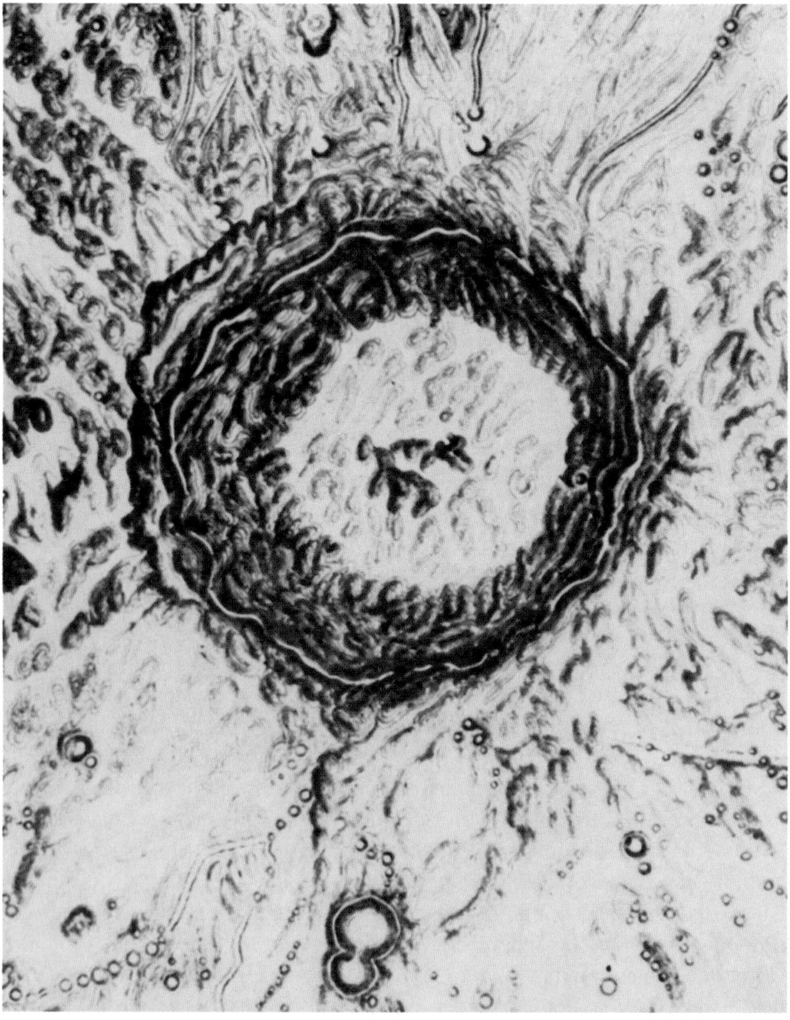

Abb. 115 Krater Kopernikus, gezeichnet nach Beobachtungen am Fernrohr

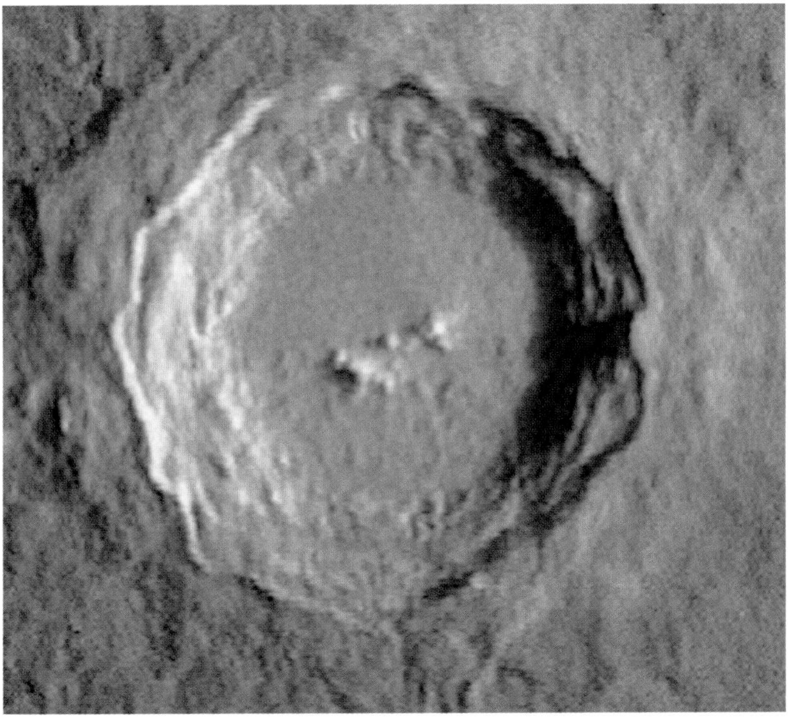

Abb. 116 Aufnahme des Kraters Kopernikus. Der Krater misst 93 km im Durchmesser und ist bis zu 3760 m tief. (Foto: Bernd Koch)

Ich sehe im Bild des Mondes die Schatten der Berge, weiß, unter welchem Winkel die Sonnenstrahlen in diesem Augenblick einfallen, und kann daraus die Höhe des Berges berechnen. Auf etwa 20 m genau. **Die Berge sind bis zu 8000 m hoch – erstaunlich angesichts der geringen Größe des Mondes.**
Die Abbildungen 113 bis 116 zeigen Gebirgszüge, Krater, Rillen, Hochebenen, Ringgebirge und merkwürdige weiße Strahlensysteme. Sie alle sind in Karten festgelegt und haben Namen.

Abb. 117 Kraterübersäter Planetoid (243) Ida mit Mond Dactyl (Foto: NASA)

Die Gebirgsformen sind von denen der Erde ziemlich abweichend. **Es gibt etwa 40000 Krater,** wie diese Gebilde treffend genannt werden, die oft Durchmesser von 180 km und mehr haben und nicht tief sind. In der Mitte befindet sich häufig noch ein kleiner Berg. Eines der schönsten **Ringgebirge** dieser Art zeigt Abb. 116.
Es gibt auch einige langgestreckte und ziemlich steile Gebirgszüge.
Noch eine interessante Bildung sei erwähnt: die Rillen, die in großer Zahl beobachtet werden und oft hunderte von Kilometern lang sind; sie erinnern an die Risse, die in feuchtem Lehmboden entstehen, der an der Oberfläche von der Sonne ausgetrocknet wird.
Auch die Berichte und Aufnahmen der ersten Menschen, die am 21. Juli 1969 zum ersten Mal auf dem Mond landeten, ergaben kein wesentlich anderes Bild von seiner Oberfläche.

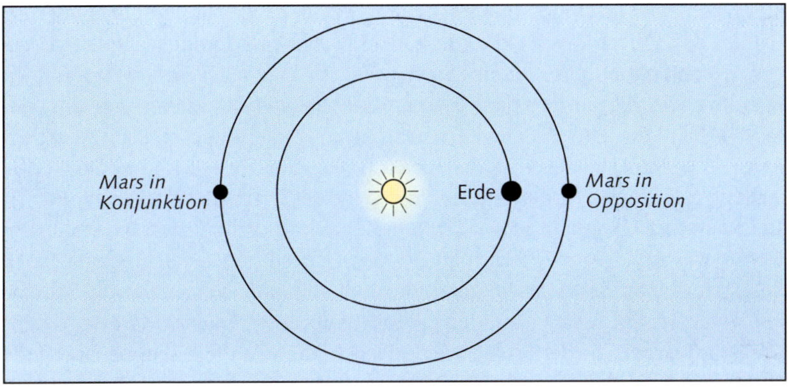

Abb. 118 Mars in Konjunktion und in Opposition

Auf der *Erde* sind die meisten Einschlagskrater durch Erosion längst verwischt. Hat ein Himmelskörper keine Atmosphäre, so erhalten sich die Krater über Millionen von Jahren hinweg nahezu unverändert. Abb. 117 zeigt beispielsweise den Planetoiden Nr. 243, der auf den Namen **Ida** getauft wurde. Dieser nur wenige Kilometer große Gesteinsbrocken ist von meteoritischen Einschlägen übersät. Bei den Planetoiden handelt es sich um abertausende von 1 m bis 1000 km großen Gesteinsbrocken, die im so genannten **Planetoidengürtel** zwischen Mars und Jupiter um die Sonne kreisen. Und Ida ist übrigens der erste Planetoid, bei dem man einen ihn umkreisenden Mond (Dactyl) gefunden hat!

Der Mars

Der Mars, von dessen Kanälen und Menschen viel geredet wurde, ist der vierte Planet des Sonnensystems; er kreist in $1^1/_2$-fachem Erdabstand um die Sonne.

Steht der Mars in **Opposition** zur Sonne, das heißt der Sonne gegenüber, so beträgt sein Abstand von der Erde nur 55 Millionen Kilometer. Steht er dagegen in **Konjunktion,** also *bei* der Sonne, von der Erde aus gesehen in derselben Richtung wie die Sonne, dann ist er 400 Millionen Kilometer von uns entfernt (Abb. 118). Entsprechend erscheint er uns dann erheblich lichtschwächer. Ist er im ersten Falle heller als der Jupiter, sinkt seine Helligkeit in Konjunktionsstellung auf die des Nordsterns ab. Das Licht des Mars ist auffallend rötlich.

Der Planet ist etwa halb so groß wie die Erde und dreht sich in 24,6 Stunden einmal um seine Achse, was man an den Flecken genau nachmessen kann. Beobachtet man den Mars in der Oppositionsstellung, so ist zwar die Scheibe immer noch sehr klein, aber der geübte Beobachter erkennt dann auffällige Dinge, zunächst: an den Polen weiße Flecke, die wie die Eishauben der Erde Nord- und Südpol bedecken (Abb. 119).

Der Mars hat ähnlich wie die Erde Jahreszeiten (Grund: dieselbe schräge Stellung der Achse), nur dass sie entsprechend der langen Dauer des Mars-Jahres (siehe Seite 109) länger dauern. Und mit diesen Jahreszeiten schwankt die Form der weißen Hauben an den Polen. Weiße Flecke erscheinen auch an anderen Stellen und verschwinden wieder. Sind es Hochflächen, die sich abends mit Reif überziehen?

Weiter sehen wir auf der gelbroten Scheibe des Planeten deutlich große graue Flächen, die in genauen Karten erfasst sind und seit Jahrhunderten (zuerst 1659 entdeckt) an derselben Stelle beobachtet werden. Es sind also nicht etwa Wolken in der Lufthülle des Planeten. Der Mars hat eine Lufthülle, allerdings nicht so dicht wie die der Erde, und gelegentlich finden wir auch Wolken, die Trübungen des Planetenbildes hervorrufen und dann wieder verschwinden.

Die dunklen Flächen nennt der Marsforscher Meere, die hellen Kontinente. Buchten und Vorgebirge kennt er, ohne dass damit gesagt werden soll, dass es sich wirklich um solche handelt; sie haben in ihrer Form nur Ähnlichkeit mit diesen Gebilden auf der Erde.

Manche Beobachter sahen nun in diesen »Landflächen« merkwürdige Striche, wie mit dem Lineal gezogen, die sie »Kanäle« nannten und von denen oft bis zu zwölf in einem Punkt zusammenlaufen und einen mehrere tausend Kilometer langen »See« bilden.

Abb. 119 Der Planet Mars stand am 26. August 2003 in Rekordnähe zur Erde. Die Entfernung betrug nur rund 56 Millionen Kilometer. (Foto: NASA)

Es hat sich jedoch erwiesen, dass viele Einzelheiten, die man an der Marsoberfläche beobachtete, optische Täuschungen waren. Bei den Meeren kann es sich keineswegs um Wasser handeln: Die Polkappen bestehen zwar aus Eis, aber die Sonnenstrahlung würde in Marsweite gar nicht ausreichen, diese Kappen im Sommer vollständig wegzuschmelzen. Die Temperatur auf dem

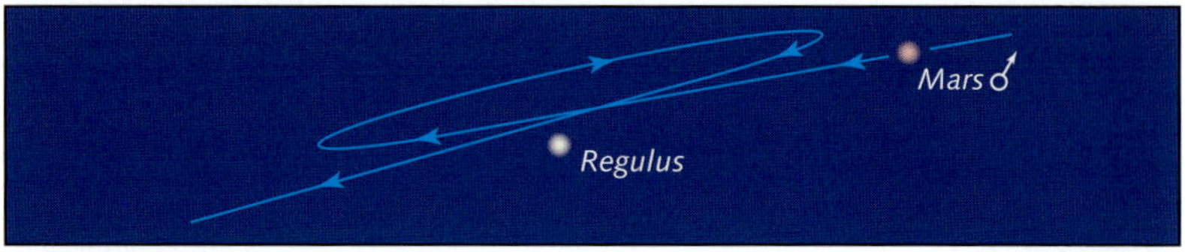

Abb. 120 Mars-Schleife

Mars lässt sich sehr genau messen. Der Planet sendet Strahlen aus, und zwar das von der Sonne bezogene und von ihm zurückgeworfene Licht und dazu eine eigene, schwache Wärmestrahlung. Die Nachttemperatur liegt bei -40 °C in den Tropen, bei -100 °C an den Polen. Mittags steigt die Temperatur in Äquatornähe auf +10 °C bis 20 °C an. **Die mittlere Jahrestemperatur über die gesamte Oberfläche genommen würde -15 °C ergeben, im Gegensatz zu +14 °C auf der Erde.**
Wenn man mit einbezieht, dass auch der Sauerstoffanteil in der Lufthülle des Mars sehr viel geringer ist, ergibt sich im Hinblick auf die Lebensverhältnisse doch ein erheblich von der Erde abweichendes Bild.
Ob in nächster Zukunft Menschen auf dem Mars landen werden, ist ungewiss, aber schon heute haben unbemannte Raumsonden wichtige Erkenntnisse gebracht. Die amerikanischen Viking-Sonden haben mondähnliche Kraterlandschaften, aber auch große Trümmerfelder festgestellt, ebenso wie Risse und Gräben von ungewöhnlichen Ausmaßen. Und die Ergebnisse der amerikanischen Raumsonde Mars Global Surveyor legen nahe, dass es Wasser in Form von Eis schon in 1 m Tiefe gibt. Dass an der Oberfläche jemals Wasser geflossen ist, haben die Ergebnisse der Marssonde Mars Express (ESA) und der mobilen Marsroboter Spirit und Opportunity (NASA) Anfang 2004 eindeutig ergeben.
Der Mars besitzt zwei Monde, die jedoch sehr klein sind und deshalb erst spät entdeckt wurden. Der eine hat 12, der andere 22 km Durchmesser.
Wer die Stellung des Mars zwischen den Fixsternen aufmerksam verfolgt, kann feststellen, dass er, wie es Abb. 120 zeigt, eine **Schleifenbewegung** ausführt: Er bewegt sich für uns manchmal rechtläufig, wie die Sonne von West nach Ost, dann leuchtet er längere Zeit wie ein Fixstern an ein und derselben

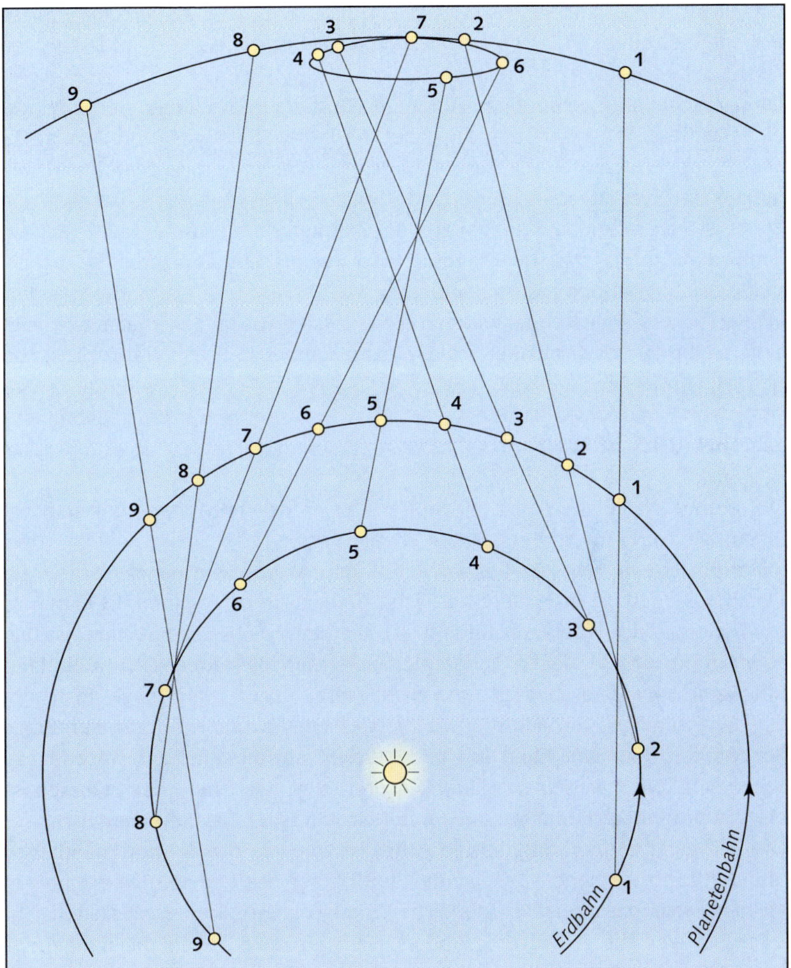

Abb. 121 Erklärung der Schleifenbewegung eines Planeten

Stelle, um sich schließlich rückläufig von Ost nach West zu verlagern. Diese Schleifenbewegungen lassen sich besonders gut in der Nähe eines bekannten Fixsterns beobachten.
Diese Erscheinung verdeutlicht Abb. 121. Dort sind die Bahnen der Erde und eines äußeren Planeten aufgezeichnet und die Stellungen von Monat zu Monat eingetragen (1, 2, 3 usw.). Durch die Verbindung gleichzeitiger Stellungen und Verlängerung der Gerade bis zur Himmelskugel erhält man die Stelle, an der man den Planeten zu dem Zeitpunkt am Himmel sieht. Man erkennt dann sofort, dass der Planet sich für uns manchmal rechtläufig, manchmal rückläufig zu bewegen scheint.
Wenn Erd- und Planetenbahn wie in diesem Fall etwas gegeneinander geneigt sind, so beschreibt der Planet Schleifen am Himmel.

Jupiter und Saturn

Der größte aller Planeten ist der **Jupiter,** dessen hellste Monde wir schon mit einem kleinen Fernrohr beobachten können (Abb. 122).
Seine Entfernung von der Sonne ist fünfmal so groß wie die der Erde, sein Durchmesser ist 11-mal, die Oberfläche 120-mal, sein Volumen 1300-mal so groß wie das der Erde. Sein Gewicht ist allerdings nicht entsprechend größer, sondern nur das 318-fache, sodass der Jupiter ein Viertel der Dichte der Erde hat. Seine Umlaufzeit beträgt rund zwölf Jahre.
Das Eigentümliche am Fernrohrbild dieses Planeten sind die parallelen dunklen Streifen, die zum Rand hin undeutlicher, am Äquator am stärksten zu sehen sind. Sie wechseln in Häufigkeit und Form. **Der Rand des Planeten ist stets etwas verschwommen; der Jupiter ist von einer Gashülle umgeben.**
Die Zeit einer Umdrehung um die Achse ist kurz, sie beträgt nur knapp zehn Stunden. Entsprechend stark ist die Abplattung des Planeten, die schon in kleinen Fernrohren auffällt. Merkliche Unterschiede in den Jahreszeiten gibt es nicht, weil die Achse des Jupiters nicht so stark gegen die Bahnebene geneigt ist wie die der Erde.
Die Mitte des Körpers dreht sich schneller als die nördliche und südliche Zone, was man übrigens auch bei der Sonne beobachten kann. An der Ober-

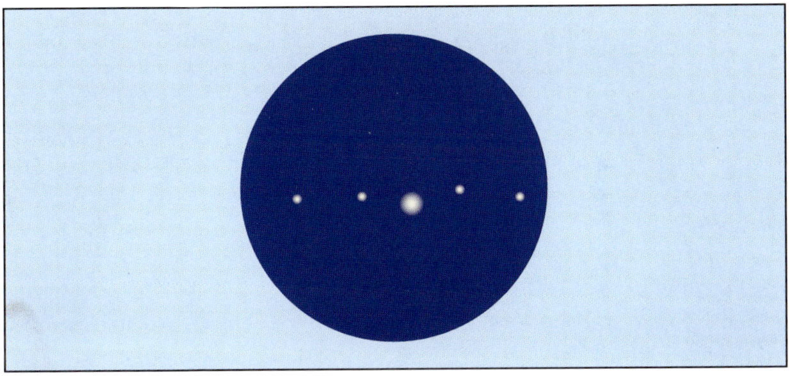

Abb. 122 Jupiter mit vier Monden im Fernglas

fläche dieses Planeten befindet sich noch alles derartig in Bewegung, dass Veränderungen eintreten, die in ihrer Riesenhaftigkeit auf der Erde nicht ihresgleichen haben.

Die Streifen und Flecken sind Wolken oder Vorgänge in der Atmosphäre, die den Planeten umgibt. Seine eigentliche Oberfläche hat noch keiner gesehen. Erreicht das Licht der Sonne sie? Ja, aber entsprechend der fünffachen Entfernung handelt es sich nur noch um $^{1}/_{25}$ der Strahlung, die wir erhalten: Zu –138 °C hat man die Temperatur der Jupiteroberfläche bestimmt.

Im Juli 1994 stand Jupiter im Rampenlicht der Weltöffentlichkeit. Der **Komet Shoemaker-Levy 9,** der Jupiter Monate zuvor zu nahe gekommen, dadurch von seiner Bahn abgelenkt und in rund 20 Bruchstücke zerlegt worden war, sollte Stück um Stück auf den Planeten einprasseln. Was nach den denkwürdigen Tagen ab Mitte Juli von dem Schauspiel noch viele Monate lang übrig blieb, waren dunkle, runde und längliche »Brandspuren« in der Atmosphäre auf der Südhemisphäre des Planeten (Abb. 123), die sich nur langsam verwischten. Es wäre für die Erde eine Katastrophe ungekannten Ausmaßes gewesen, wenn stattdessen *wir* die Brocken abbekommen hätten.

Der Jupiter hat mindestens 60 Monde, von denen wir die vier hellsten, die »Galileischen Monde«, in immer anderen Stellungen, aber in einer Ebene um

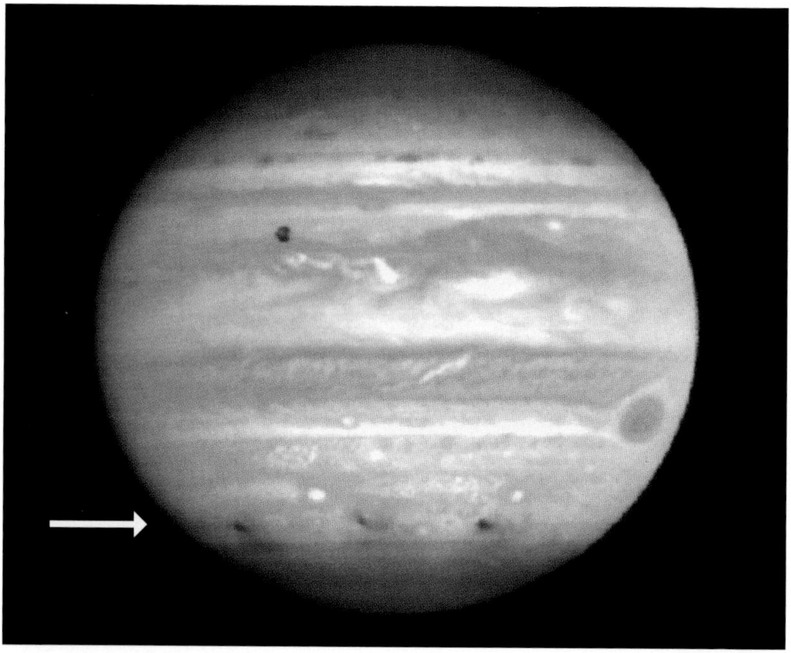

Abb. 123 Jupiter mit dem Großen Roten Fleck - GRF (rechts), einem vorüberziehenden Mond (oben links) und drei dunklen Brandflecken (unten), die vom Einschlag des Kometen Shoemaker-Levy 9 stammen. (Foto: Hubble Space Telescope/NASA)

den Planeten kreisen sehen. Wenn man Glück hat, kann man erleben, dass einer der Monde als kleiner Punkt vor der Scheibe des Jupiters entlangwandert (Abb. 123) oder hinter ihm verschwindet.

Diese Jupitermonde haben dazu gedient, die Lichtgeschwindigkeit zu messen. Folgende Überlegungen führen dazu:

Auf der Erde will man in der Stellung 1 in Abb. 124 die Verfinsterung des Jupitermondes M beobachten, die gleich eintreten soll. Die Zeit ist vorausberechnet, da man alle Angaben über Größe der Bahnen, Umlaufzeiten usw.

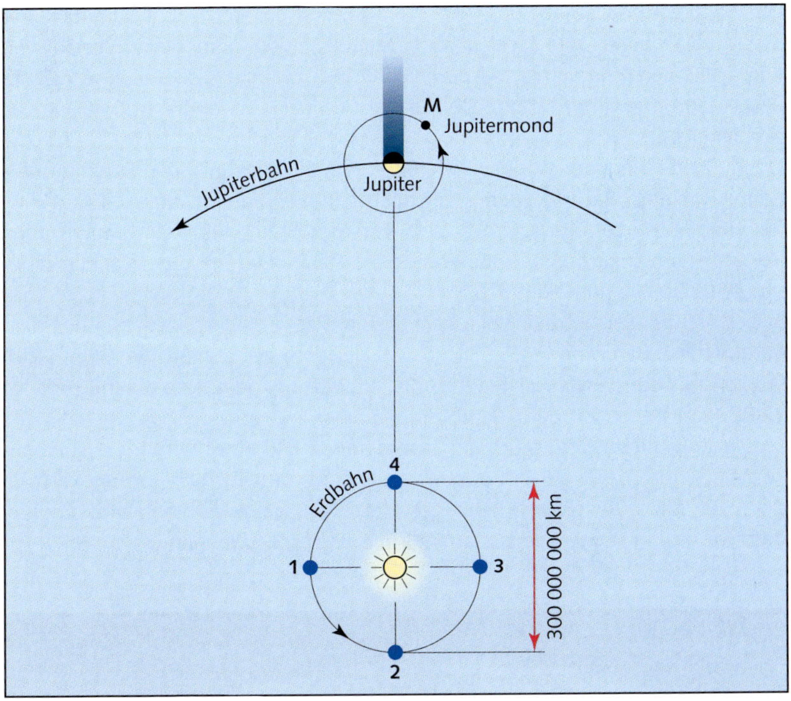

Abb. 124 Bestimmung der Lichtgeschwindigkeit

kennt. Diese Zeiten stimmen mit den beobachteten genau überein. Wenn man aber die Beobachtung in 2 versucht, tritt die Verfinsterung acht Minuten später, in Stellung 4 dagegen acht Minuten früher ein als vorausberechnet.
Wie erklärt sich das?
Die Erde ist in 2 weiter von dem Ereignis der Jupitermond-Verfinsterung entfernt, in 4 dichter daran als in 1 und 3, und zwar um die Länge des Erdbahndurchmessers. In 4 sind wir rund 150 Millionen Kilometer dichter heran, in 2 entsprechend weiter ab als in 1 und 3.

Die Beobachtung ergab, dass diese Entfernungsdifferenz acht Minuten ausmacht. Das heißt, das Licht braucht acht Minuten, um diese Strecke von 150 Millionen Kilometern zu durchlaufen. Es braucht also für eine Minute den 8. Teil, für eine Sekunde den 8 mal 60. Teil. Das ergibt 300 000 km in der Sekunde.

Noch weiter von der Sonne entfernt steht der zweitgrößte Planet unseres Sonnensystems, **Saturn,** wieder ein höchst interessanter Planet. 1429 Millionen Kilometer beträgt sein Abstand von der Sonne, und er braucht rund 30 Jahre, um seine Bahn zu durchmessen. Ganz langsam ändert er daher für uns seine Stellung am Himmel.

Sein Durchmesser beträgt 121 537 km; über 750 Erden könnte man aus dem Saturn herstellen, aber seine Dichte ist viel geringer als die der Erde. Noch stärker als beim Jupiter ist bei ihm die Abplattung: Sein Polardurchmesser ist 12 000 km kleiner als der Äquatordurchmesser.

Im Fernrohr bietet der Saturn das faszinierende Bild eines beringten Himmelskörpers (Abb. 125). Ein frei schwebender Ring umgibt ihn, den wir je nach der Lage zur Erde offener oder geschlossener sehen. Es kann vorkommen, dass wir ihn, in seiner Ebene stehend, nur als Strich erkennen.

Abb. 125 Saturn hat ein ausgeprägtes Ringsystem, das aus abertausenden von Gesteins- und Eisbrocken besteht. (Foto: Hubble Space Telescope/NASA)

Dieser Ring besteht aus tausenden von Gesteins- und Eisbrocken, die den Planeten umkreisen: wahrscheinlich die Überreste eines Mondes, der von der gewaltigen Schwerkraft des Planeten zerbröselt wurde.
Der Saturn hat außerdem mindstens 32 Monde, von denen die **Phoebe** 13 000 000 km vom Saturn absteht und 550 Tage braucht, um ihren Planeten zu umwandeln. Auf dem Saturn wäre daher von diesem Planetenbegleiter nur alle 1½ Jahre Vollmond. Der Planet selbst hat wie Jupiter eine Wolkenhülle. Er ist entsprechend seiner großen Entfernung kälter, da er 90-mal so wenig Licht und Wärme erhält wie die Erde.

Sternschnuppen, Meteore und Meteoriten

Eine der auffallendsten Erscheinungen am Himmel sind die Sternschnuppen und Meteore, die plötzlich zwischen den funkelnden Sternen aufleuchten, mit großer Geschwindigkeit, meist geradlinig, dahinziehen, um bald darauf wieder zu erlöschen (Abb. 126).
Dauer des Aufleuchtens, Helligkeit und Länge der Bahn sind sehr verschieden. **Es gibt Meteore, die heller leuchten als die Venus, die Feuerkugeln, andere wieder sind mit bloßem Auge kaum wahrnehmbar.**
Es handelt sich dabei um »Weltspäne«, wie einmal ein Forscher sagte, um Teilchen meteoritischer Materie, kleiner als 1 mm, wie die Sternschnuppen, oder um Gesteinsbrocken außerirdischer Herkunft wie die Meteore, die, wie die anderen Sternriesen auch, im Weltraum herumreisen. Sie geraten durch Zufall in die Nähe des stark anziehenden Körpers Erde. Dieser lenkt sie aus ihrer Bahn ab, sie gelangen in die Lufthülle der Erde, werden, in ihrer rasenden Fahrt durch den Luftwiderstand gebremst, glühend heiß – jetzt erst sehen wir sie –, bis sie verdampfen oder zerspringen und für uns wieder unsichtbar werden. Vielleicht haben sie ihre Energie aber auch so stark eingebüßt, dass sie langsamer fliegend wieder abkühlen und als Meteorite zur Erde fallen.
Manchmal geraten auch große Stücke, wahre Riesen, in den Anziehungsbereich der Erde. **Einer der schönsten Meteoriten ist der offen daliegende Hoba-Meteorit in Namibia** (Abb. 127). Er wird weit übertroffen von den Riesenmeteoriten, die im Cañon Diablo (Arizona) und im Tunguska-Gebiet in

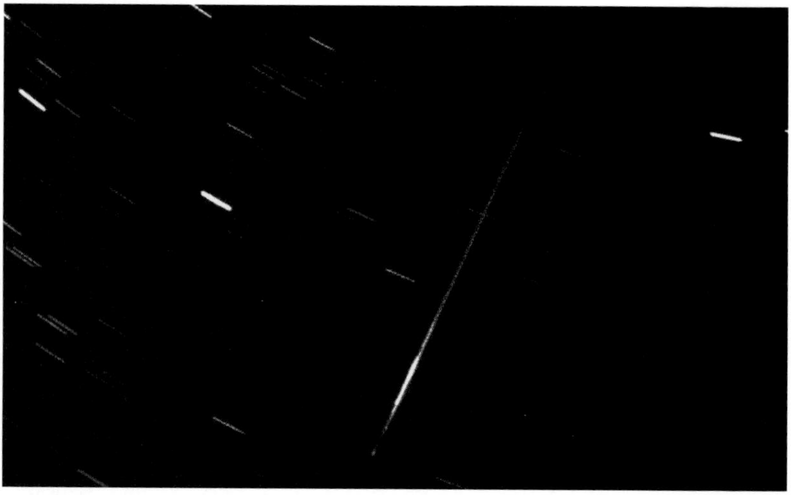

Abb. 126 Eine Sternschnuppe (Meteor) fliegt durchs Bild. Während der langen Belichtungszeit von 15 Minuten haben sich die Sterne am Himmel weiter bewegt und zeichnen kleine Striche. (Foto: Bernd Koch)

Sibirien niedergingen. Der Arizona-Krater (Abb. 128), der eine merkwürdige Ähnlichkeit mit einem Mondkrater hat, ist ein Granattrichter von fast 1,5 km Durchmesser und 170 m Tiefe. Der Absturz muss vor mehr als 1000 Jahren vor sich gegangen sein; der Stein, wie die meisten aus Eisen bestehend, ist heute in 600 m Tiefe nachgewiesen, in mehrere Teile zerborsten.
Kleinere derartige Krater kennt man mehrere, aber wie viele Brocken mögen ins Wasser gefallen sein - das ja 70 % der Erdoberfläche bedeckt -, ohne dass wir etwas davon wissen.
Auf keinen Fall kleiner als der Arizona-Meteor war der Sibirien-Meteor des Jahres 1908, der - zum Glück - in den weiten sibirischen Urwald fiel. Dort stürzte die glänzende Feuerkugel bei Podkamennaja Tunguska zur Erde. Eine gewaltige Feuersäule, drei oder vier Donnerschläge begleiteten den Einsturz. Die Urwaldbäume wurden im Umkreis von 30 km umgelegt (Luftdruck), in

Abb. 127 Der Hoba-Meteorit in Namibia bei Grootfontein (Foto: Bernd Koch)

600 km Entfernung drückte die Druckwelle noch Arbeiter von einem Floß, die Erdbebenstationen der ganzen Welt verzeichneten schwere Erschütterungen. Aber auch in früheren Jahrhunderten ist das vorgekommen. **Der Schwarze Stein der Araber in Mekka zum Beispiel ist ein Meteorit.**

Man hat mit diesen Meteoriten Stücke aus Weltraumferne in der Hand, aus Welten, die niemals ein Mensch betrat und niemals betreten wird.

Man unterscheidet Stein- und Eisenstücke. Die Steine sind mit einer matt glänzenden »Rinde« umgeben, die sich als geschmolzene Oberfläche erklärt. Die vorherrschenden Bestandteile sind die Bausteine, aus denen auch die Erde besteht. Das Eisen der zweiten Art ist fast immer mit Nickel versetzt. Behandelt man eine polierte Schnittfläche dieses Eisens mit Säure, so zeigen sich die merkwürdigen sogenannten **Widmannstättenschen Figuren.** Bei dem Eisen der Erde treten diese Strukturen nicht auf; wir haben also ein Mittel an der Hand, Meteoriten auf ihre Echtheit hin zu prüfen.

Abb. 128 Der Arizona-Meteorkrater ist rund 1.5 km groß und 170 m tief. (Foto: NASA)

Dass diese Steine aus denselben Bestandteilen aufgebaut sind wie die Erde, bestätigen auf das Beste die Ergebnisse der Spektralanalyse.

Während Riesenmeteore selten sind, kann man die kleinen Sternschnuppen fast jede Nacht beobachten, wenn sich das Auge erst an die Dunkelheit gewöhnt hat. Wer sich aufmerksam ihrer Beobachtung zuwendet, findet sehr bald heraus, dass in bestimmten Nächten besonders viele Sternschnuppen fallen und von einem bestimmten Punkt des Himmels auszustrahlen scheinen. **Sternschnuppenschwärme,** wie man sie nennt, fallen jedes Jahr in größerer Menge zu einer bestimmten Zeit:

- **um den 28. Juni die Drakoniden**
- **um den 11. August die Perseiden (Laurentiusschwarm)**
- **um den 16. November die Leoniden (Novemberschwarm)**

Das Ausstrahlen von einem bestimmten Punkt der Sphäre aus (nach dessen Sternbild sie benannt werden) ist eine optische Täuschung (Perspektive!). Es handelt sich um parallel ziehende Körper.

Während die Laurentiusschwärme jedes Jahr in derselben Ergiebigkeit auftreten, unterliegen die Novemberschwärme auffallenden Schwankungen. Auf Jahre schwacher Tätigkeit folgen solche größten Glanzes.

Besonders reichliche Schwärme wurden 1799 von Alexander von Humboldt beobachtet; 1833, 1867 und 2001 machte man dieselbe Feststellung. Das

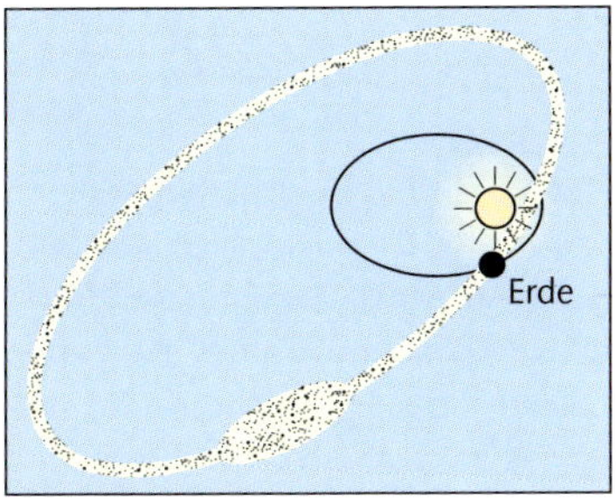

Abb. 129 Bahn eines Sternschnuppenschwarms (mit Verdickung) um die Sonne, die von der Erdbahn gekreuzt wird

Intervall beträgt ca. 34 Jahre. Es kann sich hierbei nicht um eine im Raum feststehende Wolke von kosmischen Körpern handeln, durch den die Erde hindurch muss, denn die Sonne mit ihren Planeten wandert selbst im Weltraum, würde also in kurzer Zeit heraus sein, und wir würden die Schwärme nicht mehr beobachten. Es muss ein mitwandernder Bestandteil des Sonnensystems selbst sein, ein Schwarm, der in elliptischer Bahn die Sonne umkreist und die Erdbahn an einer bestimmten Stelle trifft. Dieser Ring kann nun an einigen Stellen Verdickungen haben, etwa in Wolkenform (Abb. 129). Nach soundso vielen Jahren wird die Erde dann gerade diese Verdickung passieren; es gibt besonders helle und reichliche Fälle, wie sie Humboldt beobachtete und wie sie 1833, 1867 und 2001 wieder beobachtet wurden.

Wenn Meteore oder Sternschnuppen von verschiedenen Orten der Erde aus beobachtet werden, kann man aus den Angaben der Beobachter die Höhe errechnen, in der das Aufleuchten eintritt: Das ist meist in 150 bis 100 km Höhe der Fall; in 80 bis 50 km Höhe verschwinden sie dann wieder. Ihre Geschwindigkeit muss oft riesig sein – 60 km/s sind nachgewiesen.

Während wir in den Novemberschwärmen einen neuen, höchst sonderbaren Trabanten der Sonne kennenlernten, sind andere Meteore oder Sternschnuppen ganz offenbar von weiter her, aus dem Fixsternraum zu uns gekommen. Fragend stehen wir vor diesen Boten einer unendlich fernen Welt. Sind es Zeugen einer ungeheuren kosmischen Katastrophe? Oder ist es das Urmaterial, aus dem neue Welten sich erst formen werden?

Kometen

Kometen oder Schweifsterne sind als auffallende Himmelserscheinungen selten, aber wenn wir alte Chroniken durchblättern, finden wir in allen Jahrhunderten Bilder und Beschreibungen von ihnen. An einen leuchtenden Kern setzt weit geschwungen ein leuchtender Schweif an, und immer ist bange Sorge, Angst vor Dürre oder Hungersnot, Seuchen oder Krieg, Mord und Erdbeben aus dem Text zu lesen. Alles Unglück, das in solchen Zeiten, in denen ein Komet am Himmel stand, vorkam, wurde ihm zugeschrieben, und wenn es auch nur ein großes Katzensterben war. Aberglaube und Furcht mischten sich. Einmal hat sogar ein Papst einen Bannfluch gegen einen Kometen ausgesprochen, ihn als Teufelswerk erklärt.
Aber auch in der aufgeklärten Neuzeit ist die Welt noch nicht ganz frei davon, sind doch 1910 vor der vorausberechneten Wiederkehr des **Halleyschen Kometen,** der der Erde nahekommen musste, tolle Dinge passiert.
Was hat es mit diesen Kometen auf sich?
Bei genauer Betrachtung eines Kometen fallen drei Teile auf: der Kopf, die Nebelhülle und der Schweif (Abb. 130).
Bildlich gesprochen ist der Kern eines Kometen nichts anderes als ein schmutziger Eisball, eine Mischung von Gestein und Eis. Um ihn herum liegt eine Nebelhülle, als deren Fortsetzung der Schweif anzusehen ist. Beide sind so hauchdünn, dass man dahinter stehende Sterne durch sie hindurch sieht. Der Schweif steht meist auf der der Sonne abgewandten Seite des Kometen und bildet sich erst, wenn der Komet sich der Sonne nähert. Seine Länge ist oft sehr groß; es gibt Fälle, in denen er den dritten Teil des Himmels überspannte. Dass ein Komet aus unvorstellbar fein verteilter Masse besteht, zeigte sich, als ein solcher im Jahre 1910 vor der Sonne vorüberging. Weder Schweif noch Kopf zeichneten eine Spur am Sonnenbild. Das Sonnenlicht dringt also hindurch, ohne gestört zu werden. Wenn die Masse bei diesen Erscheinungen so weitläufig verteilt ist, dann wird auch klar, warum diese Riesen die Bahnen der Sterne in keiner Weise beeinflussen, keine Störungen hervorrufen.
Solange die Kometen weit von der Sonne entfernt sind, leuchten sie wie die Planeten nur von reflektiertem Sonnenlicht. Nähern sie sich der Sonne zu

Abb. 130 Der turnusmäßig im Jahre 2061 wiederkehrende periodische Komet Halley in einer Aufnahme zusammen mit der Radiogalaxie Centaurus A (unten) am 11. April 1986 (Foto: Bernd Koch)

stark, dann geraten offenbar die Einzelteile selbst ins Glühen, wie die Spektraluntersuchung zeigt. Das bedeutet eine gewaltige Helligkeitssteigerung.
Einer der berühmtesten Kometen ist der Halleysche Komet, der periodisch wiederkehrt und bis in graue Vorzeiten zurückverfolgt werden kann. Er ist der erste, dessen Wiedererscheinen mit Erfolg vorausgesagt wurde: von dem englischen Astronomen Halley. Zuletzt erschien er 1986, und zwar pünktlich, allerdings nicht mit der erwarteten Helligkeit. Er erscheint etwa alle 76 Jahre, muss also auch ein Begleiter der Sonne sein, der in einer großen Bahn um sie herumläuft. Diese Bahn konnte berechnet werden; sie ist eine stark gekrümmte Ellipse, die weit über die Bahn des Neptuns hinausgeht (Abb. 131). Dieser Komet kam bei seinem vorletzten Besuch im Jahre 1910 der Erde so nahe, dass sie eine Zeitlang in seinem Schweif gewesen sein muss, ohne dass irgendetwas davon bemerkt worden wäre. Eine Kollision mit dem Kern wäre aber vielleicht doch unangenehm gewesen, ein Hagel kleiner und kleinster Steinchen wäre auf die Erde niedergegangen. Das ist jedoch noch nicht vorgekommen, und bei der Einsamkeit, in der die Sterne voneinander angeordnet sind, brauchen wir keine Angst zu haben, dass Himmelskollisionen eintreten.
Die Bahn des Halleyschen Kometen ist noch klein gegen andere, die eine Umlaufzeit von Jahrtausenden haben müssen und weit über die Plutobahn

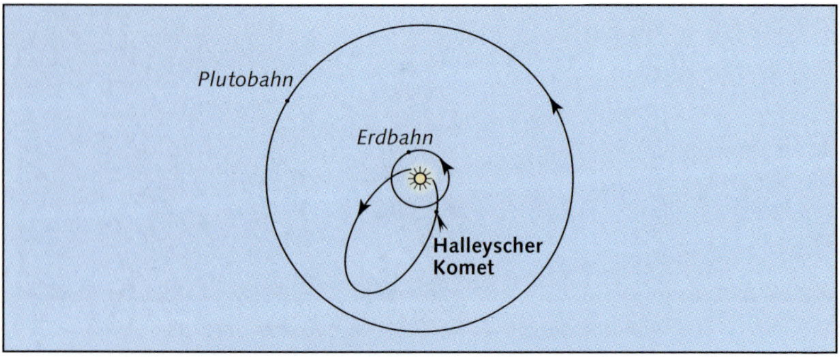

Abb. 131 Bahn des Halleyschen Kometen

hinauskommen. Im Gegensatz dazu kennen wir aber auch Kometen, die alle paar Jahre wiederkommen, wie der Komet *Encke,* der seine Bahn in drei Jahren und 104 Tagen durchläuft.

Seltsame Kometenschicksale hat man schon beobachtet: Der sogenannte **Bialasche Komet** erscheint mehrere Male nach Vorausberechnung. Aber 1845 beobachtet man, dass er recht kümmerlich geworden ist; er teilt sich vor den Augen der Beobachter in zwei Teile, die nun getrennt weitermarschieren. Nach sieben Jahren kommt er pünktlich wieder, die beiden Teile haben sich noch weiter voneinander entfernt. Und dann kommt er nicht wieder! Man beobachtet sorgfältig an den nächsten Terminen, aber nichts ist zu entde-

Abb. 132 Fragmente des Kometen Shoemaker-Levy 9 am 1. Juli 1994, zwei Wochen vor dem Einschlag auf Jupiter (Foto: ESO)

cken. Da, 1872, genau an dem Tage, wo der Komet der Erde hätte am nächsten sein müssen, ziehen Millionen leuchtender Sternschnuppen über den Himmel, viele Stunden lang, und ebenso an den nächsten Terminen. Der Komet war weiter zerfallen und hatte sich in einen Sternschnuppenregen aufgelöst. Der Zusammenhang war verloren gegangen, die Masse des Kometen war zu einem Ring kreisender Materie geworden.
Wie schon erwähnt, hat es erst vor wenigen Jahren den Kometen **Shoemaker-Levy 9** erwischt. Nachdem der Komet dem Riesenplaneten Jupiter zu nahe kam, wurde er in 20 größere und unzählige kleinere Bruchstücke zerlegt, die, wie auf einer Perlenschnur aufgereiht, Mitte Juli 1994 nach und nach auf Jupiter einstürzten und in seiner Atmosphäre verglühten (Abb. 132).
Einer der schönsten Kometen der letzten 30 Jahre war Komet **Hale-Bopp**. Er wurde von den amerikanischen Himmelsbeobachtern Alan Hale und Thomas Bopp unabhängig voneinander entdeckt und stand im März/April 1997 wochenlang hell leuchtend am Abendhimmel (Abb. 133).

Abb. 133 Komet Hale-Bopp am Morgen des 11.März 1997. Der blaue Gasschweif zeigt immer genau von der Sonne weg. Auf seiner »never come back«-Tour durch das Sonnensystem zieht er auf seiner parabolischen Bahn auch eine hübsche Staubspur hinter sich her. (Foto: Bernd Koch)

Der Inflationsmaßstab

Kleine und große Himmelskörper zogen unsere Betrachtung auf sich, bei den letzten aber wurden die Entfernungen schon so riesenhaft, die Zahlen erhielten so viele Nullen, dass unsere Vorstellung da nicht mehr mit will. Wir wollen also den Versuch machen, Anhaltspunkte für richtige Vorstellungen und Vergleichsmöglichkeiten zu gewinnen.
Auf der Erde selbst können wir noch Vergleiche anstellen, indem wir einen Wanderer oder ein Verkehrsmittel ohne Unterbrechung wandern bzw. fahren lassen. Endlose Zeiten aber kämen heraus, wenn man diesen Wanderer nur bis zur Sonne wandern ließe.
Nähmen wir die rasende Schnelligkeit eines Geschosses, so würde dieses, wenn so etwas möglich wäre, die Erde vielleicht in drei Stunden umlaufen, zur Sonne brauchte es aber schon fünf Jahre, zum letzten Glied der Planetenfamilie, zum Pluto, Jahrhunderte.
Gehen wir noch einen Schritt weiter und benutzen wir das Licht als Boten. Es legt die Strecke Hamburg – Berlin in einer Tausendstelsekunde zurück. Auch dieses Licht braucht 8½ Minuten zur Sonne, zum nächsten Fixstern aber vier Jahre.
Lassen wir alles im Maßstab 1 : 1 Milliarde zusammenschrumpfen, um auf eine andere Weise Vergleichsmöglichkeiten zu bekommen. Es sollen 1 000 000 000 m zu 1 m werden. Das bedeutet:

1 000 000 km = 1 m = 1 Schritt oder:
1000 km = 1 mm

Die Strecke Wien – Paris reduziert sich auf diese Weise auf einen Millimeter. Wie sehen dann die astronomischen Größen aus? Rechnen wir um:

Erdumfang = 40 000 km =	40 000 000 m = 4 000 000 000 cm	
	wird	4 cm
Erddurchmesser	wird	13 mm
Monddurchmesser	wird	3,5 mm
Entfernung Erde – Mond	wird	38 cm
Entfernung Erde – Sonne	wird	150 m
Sonnendurchmesser	wird	1,4 m

Das bedeutet: Wenn wir uns die Erde als Körper der Größe einer Haselnuss vorstellen, um die in 38 cm Abstand eine Erbse kreist, dann bleibt das Bild richtig, wenn wir in 150 m Abstand einen Körper von Wagenrad-Querschnitt als Zentralgestirn annehmen.
Machen wir uns dies Bild klar, um zu richtigen Vorstellungen zu kommen. Ich glaube, dass alle überrascht sind von der Kleinheit der Körper im Vergleich zu den Abständen - angesichts der Riesenausmaße der Sonne und der anderen Himmelskörper.
Doch erst wenn wir dieses alles im Inflationsmaßstab 1 : 1 Billion (1 : 1 000 000 000 000), also noch wieder tausendfach schrumpfen lassen, dann erst bekommen wir ein Modell, das auch die Fixsterne und den Andromedanebel einzuordnen gestattet. Dann schrumpft freilich die Sonne zum Sandkorn zusammen, die Planeten werden Stäubchen, die nur das Mikroskop noch nachweisen kann. Die Erde erhielte einen Durchmesser von nur $^1/_{100}$ mm. Dann würde, wenn die Sonne im Mittelpunkt eines Tellers läge, die Erde gerade am Rande des Tellers herumwandern, das ganze Planetensystem könnte man in einem Saal unterbringen, die Fixsterne aber müsste man in 100 oder mehr Kilometer Abstand wieder als Sandkorn anordnen und weit außerhalb der Erdkugel den Andromedanebel.
Ein amerikanischer Astronom betrachtete die feinen Spinnfäden, die er zur Herstellung der Fäden seines Mikrometers im Okular des Fernrohres verwandte. Er stellte fest, dass auf ein halbes Kilogramm 40 000 km dieser feinen Fäden gingen; ein Faden also, der einmal um die Erde reichte. Verbände man die Sterne durch solche Fäden mit der Erde, so müsste man 5 kg haben, um beispielsweise den Mond zu erreichen, 500 000 t aber, um das Band zum nächsten Fixstern zu spannen. Ein Güterzug von 25 km Länge wäre erforderlich, um diese Massen zu transportieren. 500 kräftige Lokomotiven hätten ihre Mühe damit.

Die Welt der Fixsterne

Die Fixsterne

Sonne, Mond und Planeten verfolgten wir auf ihren Bahnen; unveränderlich, uns als Marken dienend, stehen indes die Fixsterne in scheinbar ewig denselben Richtungen und Stellungen zueinander.
In ihre Welt wollen wir eindringen. Immer weiter schieben wir die Grenzen der Erkenntnis hinaus in den scheinbar endlosen Weltraum. Nur einen winzigen Auszug, einen winzigen Winkel der Welt haben wir erst kennengelernt, den wir von einem der Fixsterne aus nur als ein schwaches Pünktchen oder überhaupt nicht mehr sehen würden.
Wie kann man nun etwas über diese Fixsterne erfahren?
Äußerlich fällt zunächst zweierlei auf: **Die Fixsterne haben verschiedene Helligkeiten und verschiedene Farben;** immer, auch bei Anwendung der größten Vergrößerungen, erscheinen sie als Punkte.
Wir sind geneigt, die Helligkeit als Maß für die Größe anzusehen. Das ist aber nicht unbedingt richtig, ebenso wenig wie der Schluss, dass der hellste Stern uns auch am nächsten stehen müsse.
Die Einteilung der Sterne in Größenklassen hat mit der Ausdehnung nichts zu tun. Es ist damit lediglich die Lichtstärke gemeint, mit der sie auf unser Auge wirken. Sterne 1. Größe sind solche, die die stärksten Lichteindrücke machen, denen dann Sterne bis zur 6. Größe folgen – der Grenze dessen, was das Auge unter besonderen Bedingungen noch wahrnehmen kann. Das Weltraumteleskop Hubble kann noch lichtschwache Galaxien bis zur 30. Größe erfassen.
Ich erwähnte schon, dass die sichtbaren hellen Sterne so reichlich nicht sind. Genaue Zählungen ergaben folgende Anzahl der Sterne am ganzen Himmel:

12 der Größe 1
39 der Größe 2
105 der Größe 3
445 der Größe 4
1460 der Größe 5
4720 der Größe 6

Von diesen sehen wir in sternklaren, mondlosen Nächten über unserem Horizont höchstens die Hälfte. Es fällt auf, dass die schwächeren in viel größerer Anzahl vorhanden sind.

An Sternen 1. Größe (auf Nordbreite sichtbar) kennen wir schon Folgende:

Aldebaran	im Sternbild	Stier
Arktur		Bärenhüter (Bootes)
Atair		Adler
Beteigeuze		Orion
Capella		Fuhrmann
Pollux		Zwillinge
Procyon		Kleiner Hund
Regulus		Löwe
Rigel		Orion
Sirius		Großer Hund
Spika		Jungfrau
Wega		Leier

Der Polarstern ist 2., der Hauptstern der Plejaden (Siebengestirn) 3., die anderen Sterne dieses Bildes sind 4., 5. und 6. Größe.

Gewaltig aber steigt die Zahl der Sterne im modernen Fernrohr an, mit dem auch winzigste Lichtspuren noch zu erfassen sind:

46 000	Sterne	8. Größe
380 000	Sterne	10. Größe
2 580 000	Sterne	12. Größe
110 000 000	Sterne	16. Größe

Allein in der Milchstraße könnte man wahrscheinlich 100 Milliarden Sterne zählen.

Diese überlieferte Größeneinteilung ist nicht willkürlich, wie es zunächst scheinen mag. Ihr liegen in Wirklichkeit die Helligkeits*verhältnisse* zugrunde, nicht die Helligkeits*unterschiede.*

Wenn in einem Raum drei gleich starke Lampen brennen und man löscht eine, so nimmt man eine Helligkeitsverminderung wahr. Hätten 15 Lampen gebrannt, so hätte man – so lehrt der Versuch – fünf löschen müssen, um diese Helligkeitsverminderung zu empfinden. Diese Minderung ist also an das Lichtstärkenverhältnis 3 : 2 geknüpft (3 : 2 wie 15 : 10).

Wenn wir zwischen Sternen 6. und 5. Größe denselben Helligkeitsunterschied feststellen wie zwischen solchen 5. und 4. Größe, so bedeutet das, dass in beiden Fällen zwischen den Sternen dasselbe Helligkeitsverhältnis besteht.
Derartige Helligkeitsverhältnisse kann die Physik mit einem Helligkeitsmesser, einem *Photometer,* messen (wir kennen sie in Form von Belichtungsmessern).
Diese Messungen ergeben, dass zwischen den zunächst ja durch Beobachtung festgelegten Größenstufen das Verhältnis 2,5 : 1 besteht. Ein Stern 2. Größe ist 2,5-mal so hell, sendet 2,5-mal soviel Licht aus wie ein Stern 3. Größe.
Die Sterne 1. Größe sind noch weiter aufzuteilen: Ein Stern, der 2,5-mal so hell ist wie ein Stern 1. Größe, wird mit Null eingeordnet. Dabei kommt man sogar zu negativen Zahlen: So ist
- Canopus von der Größe -0,8,
- Sirius von der Größe -1,6.

Der Mond hat die Größe -12 und die Sonne -27.
Wie der Begriff Größe scharf gefasst wurde und Messungen zugänglich wird, so musste auch mit der anderen Beobachtung, der Farbe, etwas geschehen; man weiß, wie verschieden Farbschilderungen verschiedener Beobachter ausfallen können.

Weiß leuchten:	Sirius, Wega, Regulus, Rigel, Spika
Gelb, gelblich-weiß:	Procyon, Capella, Arktur
Rötlich:	Aldebaran, Antares, Beteigeuze

Zwischen diesen Farben noch Zwischenstufen zu sehen, ist möglich, wenn auch schwer.
Nun besteht aber zwischen der Farbe des ausgesandten Lichts und der Temperatur des ausstrahlenden Körpers ein Zusammenhang.
Die Spektraluntersuchung zeigt, dass alle Fixsterne ein eigenes Spektrum geben; es sind also ferne Sonnen, ähnlich der unsrigen, die sich allerdings in den verschiedensten Entwicklungsstadien befinden. Es handelt sich nicht um von unserer Sonne ausgehendes, von diesen Sternen zurückgeworfenes Licht wie bei den Planeten, die Fixsterne sind vielmehr selbst Sonnen, Eigenstrahler.
Nun wissen wir, dass nur heiße Körper starke Licht- und Wärmestrahlen aussenden. Wenn man einen Körper erwärmt (Ofen, Eisenstab), so wird er zu-nächst nur Wärme liefern, was nicht sichtbar ist. Mit zunehmender Erwär-

mung aber wird er in Rotglut geraten, dann gelb leuchten, schließlich weiß glühen. Je heller die Farbe, desto höher die Temperatur.
So ist es auch bei den Sternen. **Wir wissen heute durch Untersuchung des ankommenden Lichts, welche Temperaturen auf der Oberfläche der Sterne herrschen:**

Spika	22 000°C	**Atair**	8 500°C
Wega	16 000°C	**Procyon**	8 000°C
Rigel	11 000°C	**Capella**	5 800°C
Regulus	13 500°C	**Arktur**	4 200°C
Sirius	11 000°C	**Aldebaran**	3 600°C
Deneb	11 000°C	**Antares**	3 600°C
		Beteigeuze	3 000°C

Man vergleiche die Zahlen mit den Farbbeobachtungen.
Die Untersuchung der Sternspektren gibt Auskunft über die Zusammensetzung der Sterne. Es sind wieder dieselben Bausteine, die diese fernen Welten ebenso wie Erde und Sonne aufbauen.
Nach dem Überwiegen dieses oder jenen Stoffes sind gewisse Stern*klassen* zu unterscheiden. **Man teilt die Sterne nach Farbe, Spektrum und Temperatur in sechs Hauptsternklassen ein:**

Klasse	Farbe des Sterns	mittlere Temperatur der Oberfläche in Grad Celsius	typisch für die Klasse
1	bläulich-weiß	20 000	Spika
2	weiß	10 000	Deneb, Sirius
3	gelblich	8 000	Procyon, Atair
4	gelb	6 000	Capella, Sonne
5	tiefgelb-orange	4 000	Arktur, Aldebaran
6	rot	3 000	Antares, Beteigeuze

In dieser Zusammenstellung stehen Sterne in derselben Klasse, von denen uns der eine viel heller erscheint als der andere. Das liegt daran, dass seine Oberfläche ungleich größer ist als die des anderen. Bei solchen Vergleichen muss bedacht werden, dass die sehr verschiedenen Entfernungen die Helligkeit für uns stark beeinflussen. Man verfährt daher so, dass man sich die Sterne in einer Einheitsentfernung denkt und dann angibt, in welcher Stärke der Stern uns auf der Erde leuchtet. Die *absolute* Helligkeit zum Beispiel des Rigels im Orion beträgt -5,7, die unserer eigenen Sonne +4,8. Das bedeutet, dass der Rigel etwa 100 000-mal mehr Licht aussendet als unsere Sonne.

Seit dem Weltraumteleskop Hubble eine Brille verpasst wurde, jagt eine spektakuläre Entdeckung die andere. So ist es auch nicht mehr verwunderlich, dass mit dem Hubble-Teleskop zum ersten Mal ein Stern auch als Scheibchen fotografiert werden konnte. Im März 1995 wurde auf einer Aufnahme des Riesensterns Beteigeuze sogar noch ein heißer Fleck entdeckt – rund

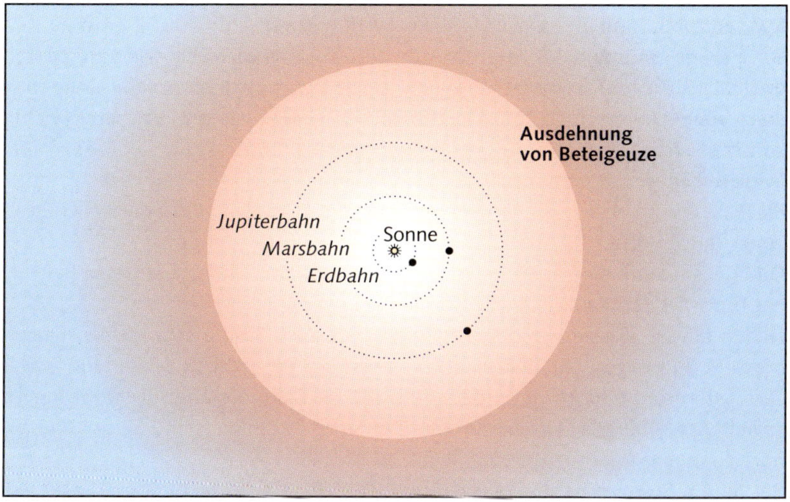

Abb. 134 In der Beteigeuze würde die Sonne mit Erd-, Mars- und Jupiterbahn bequem Platz finden.

2000 Grad Celsius heißer als die umgebende Oberfläche. Beteigeuze ist wahrhaft ein Riese unter den Sternen: Säße er an der Stelle unserer Sonne, würden alle Planeten von Merkur bis Jupiter in ihm verschwinden (Abb. 134). Betrachten wir folgende Tabelle:

Stern	**Durchmesser in Sonnendurchmessern**	**Entfernung in Lichtjahren**	**Temperatur in Grad Celsius**
Arktur	28	37	4 200
Aldebaran	49	65	3 600
Antares	804	600	3 600
Beteigeuze	1 000	427	3 000

Bemerkenswert ist, dass alle diese Riesensterne recht niedrige Oberflächentemperaturen haben.

Die großen Rauminhalte, die sich aus diesen Durchmessern ergeben, dürfen freilich nicht ohne weiteres als gleich große Gewichtsunterschiede angenommen werden. Im Gegenteil: Sterngewichte größer als 60 Sonnengewichte kommen nicht vor.

In diesen Riesensternen, deren Größenverhältnis Abb. 135 verdeutlicht, muss die Masse also sehr fein verteilt sein, so fein wie etwa die Staubteilchen in einer Rauchwolke.

Die Riesensterne sind auch Riesen in der Leuchtkraft. Beteigeuze zum Beispiel hat mehr als zehntausendfache Sonnenhelligkeit.

Neben diesen »Riesen« beobachtet man aber auch Sterne sehr kleinen Durchmessers, »Zwerge«, zu denen auch unsere Sonne gehört. Man fand sogar Zwergsterne, die nicht viel größer sind als die Erde, die aber in ihrem Innern soviel Masse bergen wie die Sonne. Der Sirius-Begleiter (siehe Seite 181) gehört zu ihnen.

Bei diesen Sternen ist die Masse über 100 000 Mal so dicht wie Wasser, sodass ein Kubikzentimeter nicht 1 g wie bei Wasser, sondern mehr als 100 kg wiegt. Die meisten Zwerge aber sind in Massendichte und Leuchtkraft der

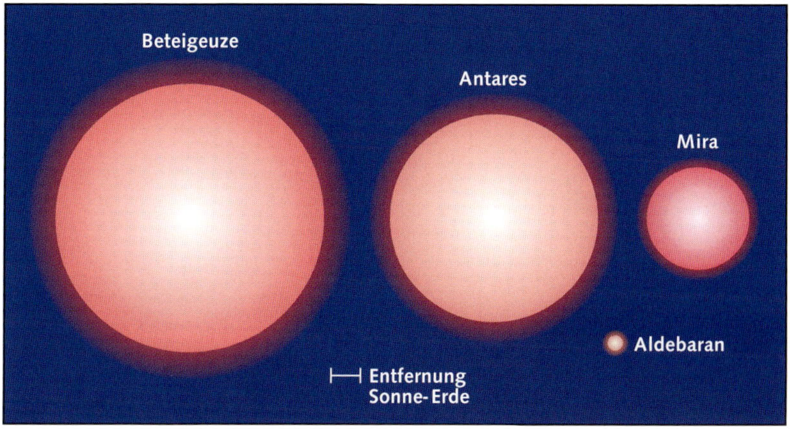

Abb. 135 Größe von Beteigeuze, Antares, Mira und Aldebaran im angenähert richtigen Verhältnis

Sonne ähnlich. Ihre Oberflächentemperatur ist niedrig; man kennt gelblich leuchtende Zwerge mit 6000 °C bis zu rot leuchtenden von nur 3000 °C Oberflächentemperatur. Es ist bemerkenswert, dass die lockeren Riesensterne dieselbe Temperatur haben wie diese dichtgepackten Zwerge.
Sind vielleicht diese so verschiedenen Sterne, die wir nebeneinander beobachten, Gebilde verschiedener Altersstufen? Kann man diese Sterntypen in einer Entwicklungs*reihe* einordnen und damit einen Blick in die Entstehung der Welt werfen?

Geschichte der Sterne

In unserer knapp bemessenen Lebensspanne erscheinen uns die Sterne als ewig und unveränderlich am Himmel. Doch alles im Kosmos ist dem Zyklus von Werden und Vergehen untergeordnet, so auch die Sterne. Unser Universum ist 13,7 Milliarden Jahre alt, die Sterne sind also auf jeden Fall jünger.

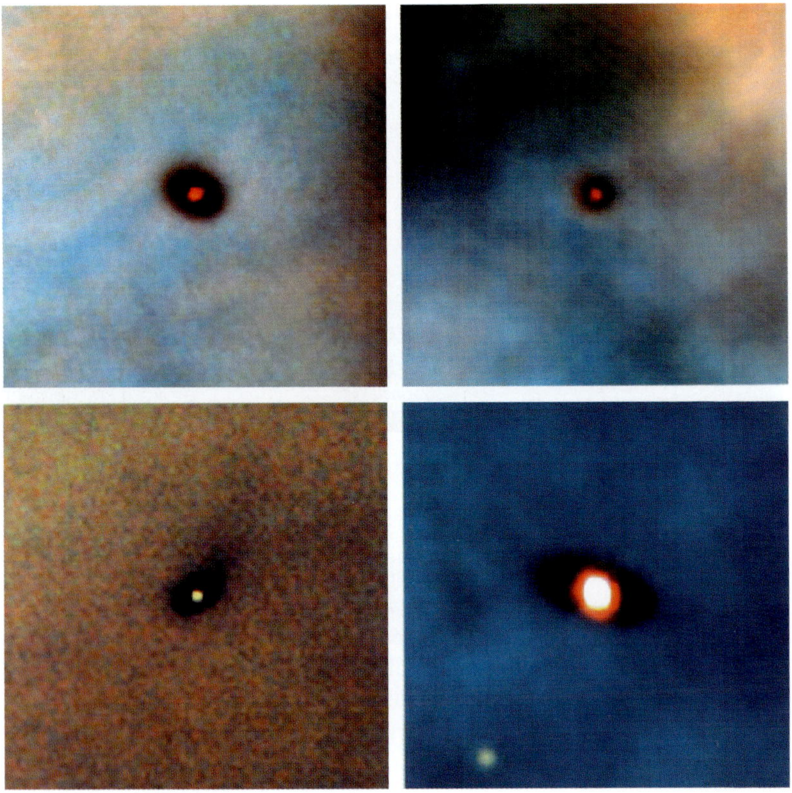

Abb. 136 Protoplanetare Staubscheiben um junge Sterne im Orionnebel (Foto: Hubble Space Telescope/NASA)

Unsere Sonne ist bereits ein Stern der zweiten oder dritten Generation. Vor rund 5 Milliarden Jahren kondensierte die Sonne aus einer Wolke interstellarer Materie, die vorwiegend aus Wasserstoff, Helium und schweren Elementen bestand. Diese Wolke zog sich vielleicht nach Durchgang der Schockwellen einer Supernovaexplosion aufgrund ihrer eigenen Schwerkraft immer

weiter zusammen und erhitzte sich dabei auf etwa 15 Millionen Grad Celsius. Bei dieser Temperatur setzte im Zentrum die Kernverschmelzung von Wasserstoff zu Helium ein, die seitdem ungeheure Strahlungsenergien - unsere Lebensenergie - freisetzt: Damit war ein neuer Stern geboren. Restliche Staubmassen verteilten sich in einer flachen Scheibe um den neuen Stern und kondensierten in der Folgezeit ihrerseits zu Planeten.
Mit dem Weltraumteleskop Hubble gelingt es, Sterne in einem Stadium zu beobachten, das die Sonne vor rund 5 Milliarden Jahren selbst durchlebt hat. Abb. 136 zeigt vier Beispiele von so genannten **protoplanetaren Staubscheiben** um relativ junge Sterne. Irgendwann einmal werden sich aus den Staubmassen möglicherweise Planeten bilden. Der hier abgebildete Himmelsausschnitt gehört übrigens zu dem berühmten Orionnebel (Abb. 146), einem gasförmigen Nebel, in dem die Sternentstehung in vollem Gange ist. Der Sternhaufen im Zentrum des Orionnebels entstand vor hunderten von Millionen Jahren aus der ihn umgebenden Gaswolke und regt sie heute zum grünlichroten Eigenleuchten an.
Je nachdem, mit welchem Startgewicht die Sterne zu leuchten beginnen, verläuft ihr weiterer Entwicklungsweg unterschiedlich. Sterne der Sonnenklasse sind relativ zwergenhaft und strahlen verhältnismäßig ruhig rund 9 Milliarden Jahre lang - genug Zeit, um der Evolution Raum für die Entwicklung höherer Lebensformen zu lassen. Dann aber bläht sich die Sonne zu einem Roten Riesenstern auf, verschlingt alle Planeten bis zum Mars und stößt in einem sanften Prozess die äußere Gashülle ab, die fremde Beobachter auf anderen Planeten als **Planetarischen Nebel** sehen können. Zurück bleibt ein Zwergstern, der langsam ausglüht.
Sterne mit sehr viel höherem Anfangsgewicht leben intensiver: Nach wenigen hundert Millionen Jahren schon ist ihr Energievorrat im Inneren verbraucht, und sie stürzen in sich zusammen. Dabei kommt es zu einer gewaltigen Explosion, die wir als **Supernova** bezeichnen. Zurück bleibt ein unglaublich dicht gepackter Stern oder gar ein **Schwarzes Loch** (Abb. 137), dem nichts - auch nicht das Licht - entweichen kann. Und damit schließt sich der Kreis: In einer Supernova-Explosion werden schwere Elemente bis hin zum Uran gebildet, die sich als Supernovarest (Abb. 157) unter die interstellare Materie mischen und so in den Kreislauf des Sternenlebens gebracht werden.

Abb. 137 Modellvorstellung eines Schwarzen Lochs. Materie wird in einer Scheibe angesammelt und stürzt mit hoher Geschwindigkeit in das Schwarze Loch. (Illustration: NASA)

Entfernungsmessung

Es gehört zu den Triumphen menschlicher Geistesarbeit, dass es gelingt, die Abstände der Fixsterne von der Erde zu messen – obgleich diese Himmelskörper so ungeheuer weit von uns entfernt sind.
Wie misst der Seemann den Abstand seines Schiffes von einem Punkt der Küste? Er macht eine **Doppelpeilung,** das heißt, er peilt einen Küstenpunkt F (Abb. 138), segelt von dem Ort A der ersten Peilung bis B, um dort noch ein-

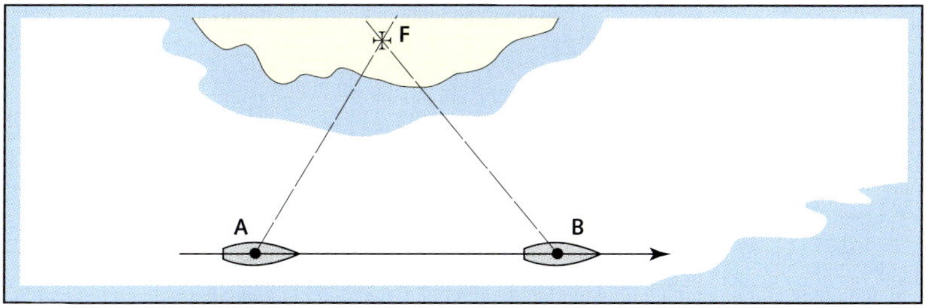

Abb. 138 Doppelpeilung

mal F zu peilen. Aus den Peilwinkeln und der versegelten Strecke AB folgt durch Zeichnung der Abstand FB bei der zweiten Peilung. Diese Messung wird umso genauer, je näher er F ist. Wenn F weiter weg liegt, muss er eine größere Versegelung wählen, bis der Punkt F merklich ausgewandert ist. Er weiß: Wenn ich eine ferne Bergspitze nehme, wird die Abstandsbestimmung sehr ungenau. Wollte ich etwa den Mond benutzen, so würde überhaupt kein Auswandern der beobachteten Marke stattfinden, also auch keine Doppelpeilungsfigur gezeichnet werden können.

Der Seemann braucht also nicht seinen Abstand von F selbst auszumessen, er kann mit Winkelmessungen auskommen, wenn er nur eine bekannte, genügend große *Basis* hat, wie es der Landmesser nennt, der bei der Vermessung von Landstücken ebenso verfährt.

Der Astronom muss allerdings sehr große Basisstrecken haben, schon um den Abstand des Mondes oder der Sonne von der Erde zu bestimmen, denn wenn wir etwa eine Seemeile auf der Erde weiterwandern, hat sich die Richtung, in der wir den Mond sehen, überhaupt noch nicht verändert. Die größte Basis, die wir auf der Erde haben könnten, wäre, die eine Beobachtung auf dem Nordpol, die andere auf dem Südpol zu machen. Aber auch das nützte noch nichts, die Sehstrahlen von diesen beiden Punkten zum Gestirn würden vollkommen parallel ausfallen. Wir brauchen also eine größere Basis.

Die Erde bewegt sich bekanntlich in einer Ellipsenbahn um die Sonne. In zwei Stellungen (A und B in Abb. 139) haben wir damit eine Basis von

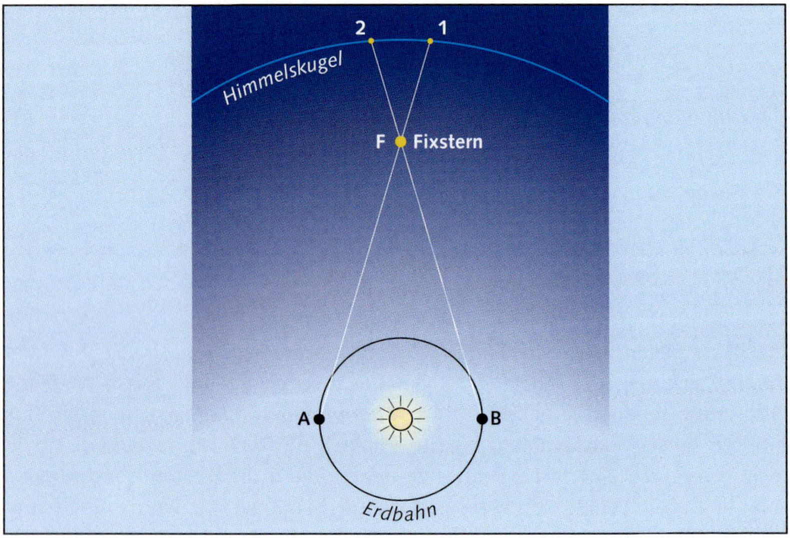

Abb. 139 Doppelpeilung eines Fixsterns

300 000 000 km Länge zur Verfügung, die ein Flugzeug erst in etwa 35 Jahren bewältigen würde.

Der Stern muss also am 21.3. in der Richtung AF, am 21.9. in BF beobachtet werden.

Immer noch aber ist dieser Richtungsunterschied zwischen AF und BF so klein, dass erst die unendlich verfeinerten Messgeräte des vorletzten Jahrhunderts bei einigen sehr nahe stehenden Fixsternen Richtungsunterschiede dieser Art festzustellen erlaubten. Es sind erst wenig mehr als hundert Jahre her, dass der deutsche Astronom Friedrich Wilhelm Bessel die erste Fixstern-Abstandsbestimmung an dem Stern 61 des Sternbildes Schwan durchführte. **Der uns nächstgelegene ist ein Stern des Centaurus – ein Sternbild des südlichen Sternhimmels.** Der Stern **α Centauri** (Abb. 140) ist *nur* 4,3 Lichtjahre entfernt und wäre im Milliarden-Maßstab 43 000 km von der 1,4 m großen Sonne anzuordnen.

Abb. 140 Der Stern α Centauri links im Bild (Pfeil) ist der nächstgelegene Stern. In der Mitte der Abbildung befinden sich das »Kreuz des Südens« und der »Kohlensack«, eine dichte Dunkelwolke. (Foto: Bernd Koch)

Der nächste unter den Fixsternen des Nordsternhimmels, die wir bisher kennen lernten, der Sirius, ist neun Lichtjahre von uns entfernt.
Erinnern wir uns, was diese Lichtjahrangaben bedeuten: Das Licht, das in einer Sekunde 300 000 km zurücklegt, durchläuft im Jahr rund 10 Billionen Kilometer. Gedächtnisstütze:

L i c h t j a h r e s w e g
10 000 000 000 000

Die Zahl hat so viel Stellen, wie das Wort Lichtjahresweg Buchstaben hat.
Die bei dieser Messung auftretenden Winkel zwischen den Richtungen AF und BF in Abb. 138 sind ungeheuer klein. Teilt man einen Grad in 60 Minu-

ten, so genannte Bogenminuten, jede dieser Minuten noch einmal in 60 Teile, die Bogensekunden, dann sind die Winkel bei der Fixstern-Abstandsbestimmung noch wieder kleine Bruchteile dieser Bogensekunden. Wenn etwa 300 m von uns ein Grashalm steht, dessen Spitze sich um einen Millimeter hin und her bewegt, dann beträgt der Winkel zwischen den Sehstrahlen eine $^3/_4$ Bogensekunde, wie bei der Messung an dem Stern α Centauri.
Die Wissenschaft arbeitet heute mit Geräten, die noch 0,01 Bogensekunde, den hundertsten Teil der Bogensekunde, messen. Das bedeutet in dem Grashalm-Beispiel, dass wir die Schwankung von einem Millimeter hin und her eines Grashalms beobachten können, der 20 km entfernt auf einer Wiese steht.
Von all den Schwierigkeiten dieser Messungen kann ich hier kaum einen Begriff geben, denn manche kleinste Bewegungen, wie die Schwankung der Erdachse zum Beispiel, haben wir gar nicht besprochen. Aber auch die Lufthülle macht nicht geringe Schwierigkeiten.
Mit diesen Methoden kommt man bis zu etwa 300 Lichtjahren, da liegt die Grenze für die direkten Messungen.
Die Feststellung, dass ein Lichtjahr 10 Billionen Kilometer bedeutet, ist nicht mehr anschaulich. Lassen wir einmal wieder alles im Maßstab 1 : 1 Billion zusammenschrumpfen. Dann wird freilich die Sonne zum Sandkorn, die Erde zum kaum messbaren Staubteil reduziert, die Fixsternwelt aber wird uns klarer. Es zeigt sich nämlich, dass, wenn wir um das Sandkorn Sonne eine Kugel von rund 600 km Halbmesser legen, in dieser Kugel nur 76 sichtbare Sterne liegen würden, von Sandkorngröße wie die Sonne. Befände sich die Sonne etwa in Bremen – als Sandkorn –, dann wäre die nächste Masse überhaupt, das nächste Sandkorn Stern, erst in Bremerhaven anzuordnen. Zwischen diesen Sandkörnern ist nichts, ist der Weltraum leer.
Das muss man sich einmal klarzumachen versuchen, um zu verstehen, dass sich auch ganze Sternreisegesellschaften durchkreuzen können, ohne dass sie sich stören oder sich durch Massenanziehung beeinflussen. Eine Kollision kann schon gar nicht erwartet werden, sie wäre ein ungeheuerlicher Zufall.
Weiter als diese Kugel reicht, dringen wir mit der geschilderten Messmethode auch heute noch nicht in den Weltraum ein; alle weiter reichenden Ergebnisse sind anders gewonnen geworden. Wir wissen bereits, dass die

scheinbare Helligkeit eines Sterns nichts aussagt über die Energieausstrahlung. So erscheint uns der Sirius in hellen Winternächten viel heller als der Rigel. Die folgende Erntfernungstabelle aber zeigt, dass Sirius neun, Rigel jedoch 770 Lichtjahre von uns entfernt ist.

Entfernungen bekannter Fixsterne

Stern	**Sternbild**	**Entfernung (Lichtjahre)**
Sirius	Großer Hund	9
Wega	Leier	25
Pollux	Zwillinge	34
Arktur	Bärenhüter	37
Capella	Fuhrmann	42
Castor	Zwillinge	52
Aldebaran	Stier	65
Regulus	Löwe	78
Beteigeuze	Orion	427
Antares	Skorpion	600
Rigel	Orion	770

Würde man den Sirius an die Stelle des Rigels setzen, so würden wir ihn nur als ein ganz winziges Pünktchen wahrnehmen, so wie die Sonne aus Sirius-Weite betrachtet ein recht unansehnlicher Stern wäre, von der Erde ganz zu schweigen, die wir dann natürlich nicht mehr sehen könnten. **Befände sich die Sonne dort, wo der Polarstern steht, würden wir sie auf der Erde kaum noch ausmachen können.** Welch eine Riesensonne muss der Polarstern also sein, dass wir ihn so hell am Himmel sehen!

Nun müssen wir sogar den Begriff *Fixstern* noch fallen lassen. Zwar stehen die Fixsterne, zu Sternbildern angeordnet, noch ebenso da, wie sie die alten Ägypter fanden, aber in Millionen von Jahren werden diese ganz anders aussehen. **Mit Messgeräten hat man festgestellt, dass auch die Fixsterne Eigenbewegungen haben.** Sie ruhen nicht, wir sehen ihre Bewegungen bei den unendlichen Abständen jedoch nicht. Der Arktur beispielsweise bewegt sich in

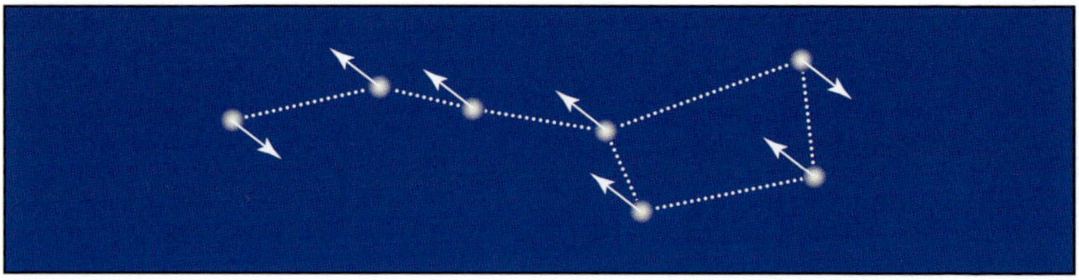

Abb. 141 Bewegung der Sterne des Großen Wagens innerhalb des Sternbildes Großer Bär

100 Jahren immerhin um Vollmondbreite weiter. Dabei entdeckte man auch, dass sich in ein und demselben Sternbild - zum Beispiel im Großen Bären - nicht alle Sterne in demselben Sinn bewegen (Abb. 141). Es handelt sich bei diesem Sternbild um zwei Sterngesellschaften, die, auf verschiedenen Kursen durcheinander hindurchfliegend, nur für die Menschen das Bild eines Himmelswagens bieten.

Je näher die Sterne stehen, desto mehr Aussicht haben wir, ihre Eigenbewegung zu erkennen. Und je mehr sie quer an uns vorüberziehen. Bewegt sich ein Stern zufällig auf uns zu, dann wandert er überhaupt nicht aus.

Diese Fälle sind auch aus anderen Gründen besonders interessant. Eine Beobachtung aus dem täglichen Leben weist uns die Richtung, in der sich ein neuer Weg der Forschung öffnet:

Eine pfeifende Lokomotive nähert sich uns. Sobald sie an uns vorbei ist und wegfährt, ist der Ton der Pfeife tiefer. Das erklärt sich so: Je mehr Schallwellen unser Ohr in der Sekunde erreichen, desto höher ist der Ton, den wir hören. Wenn sich die Schallquelle auf uns zubewegt, treffen uns pro Sekunde mehr Schallwellen, als wenn der Körper ruht oder sich gar von uns entfernt (Doppler-Effekt).

Da auch das Licht eine Wellenbewegung ist, muss auch damit eine Veränderung vor sich gehen, wenn es von einem sich auf uns zubewegenden Stern kommt, verglichen mit dem Licht, das von einem Stern herrührt, der immer den gleichen Abstand von uns hält, oder gar einem, der sich von uns wegbewegt. Das kann im Spektrum dieses Lichtes an einer Verschiebung der Linien

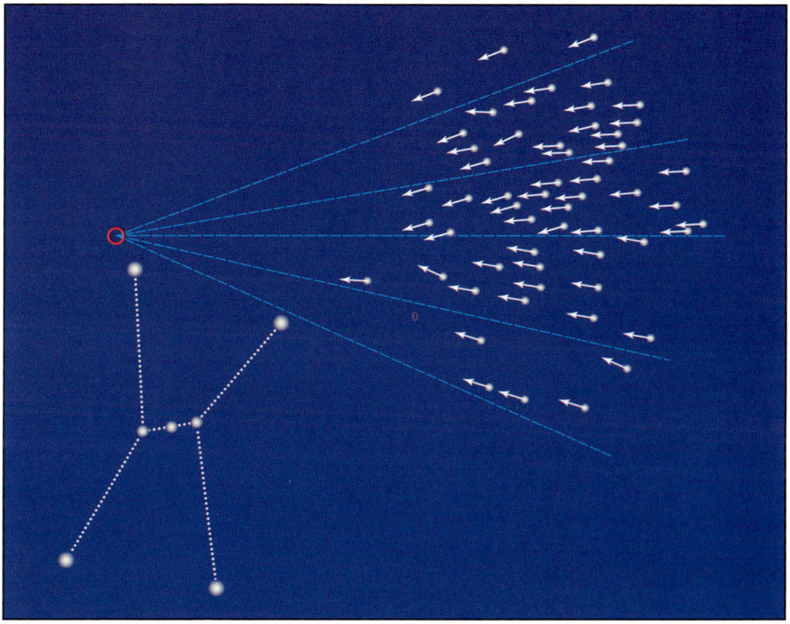

Abb. 142 Eigenbewegung einer Sternreisegesellschaft

nachgewiesen werden. Die Größe der Linienverschiebung ist ein Maß für die Geschwindigkeit der Bewegung auf uns zu. **So wissen wir durch Beobachtung derartiger Linienverschiebung im Spektrum, dass sich zum Beispiel der Aldebaran in jeder Sekunde 55 km von uns entfernt, der Polarstern sich etwa 15 km nähert.**

Und nun die große Überraschung, die eigentlich keine mehr ist: Auch die Sonne mit all ihren Trabanten ist auf dem Marsch!

Mit einer Geschwindigkeit von ungefähr 20 km in der Sekunde reisen wir mit ihr in Richtung Sternbild Herkules. Den nächsten Fixstern, α Centauri, würden wir, hätten wir Kurs auf ihn, bei dieser Riesengeschwindigkeit in 64000 Jahren erreicht haben …

Wir hörten, dass die Sterne oft in **Sternfamilien** reisen. Solche Sternfamilien sind zum Beispiel die Sterne des Siebengestirns und die Gruppe der Hyaden um den Aldebaran herum (er selbst gehört nicht dazu).
Das Siebengestirn war die fliehende Mädchenschar der Sage. Als wenn die Alten von dem Wandern dieser Gruppe gewusst hätten! Zeichnet man die Eigenbewegungen der Sterne einer Gruppe auf, dann streben sie scheinbar alle zu einem Punkt zusammen (Abb. 142). Das ist jedoch eine perspektivische Täuschung, wie wir sie etwa von Bahnschienen her kennen, die auf weite Entfernung hin auch zusammenzulaufen scheinen. In Wirklichkeit sind die Bahnen der Sterne parallel, sie laufen von uns weg. In 65 Millionen Jahren werden wir diese Sterne nur noch als kleinen Nebelfleck erkennen können.
Auch diese Sterngesellschaften geben uns Gelegenheit, den Raum messend zu durchdringen, so wie der Abstand der Schlusslichter eines in der Ferne verschwindenden InterCity bei bekannter Geschwindigkeit des Zuges ein Maß für die Abstandsbestimmung ist.

Das südliche Kreuz

Der Beobachter auf Nordbreite bekommt nur einen Teil der Milchstraße - der Spur des Sonnenwagens, wie die Alten sie nannten - zu sehen. Andere schöne Teile sind das Erlebnis des Südhimmels.
Das schönste und berühmteste Sternbild des südlichen Sternhimmels ist das **Kreuz des Südens,** in der Nähe des südlichen Himmelspols (Abb. 143). Der aufrecht stehende Balken des Kreuzes liefert uns, etwa viermal verlängert, die Lage des Himmels-Südpols, des anderen Endpunktes der Weltachse, der sich über der Kimm erhob, als am Äquator der Nordstern und mit ihm der Himmels-Nordpol endgültig versank.
Der Hauptstern des Kreuzes ist 1. Größe; in seiner Umgebung befinden sich keine weiteren hellen Sterne, sodass sich das Kreuz gut abhebt.
Eine auffällige Erscheinung in diesem Sternbild sind die dunklen Stellen der Milchstraße, die der Seemann wenig poetisch, aber treffend »Kohlensäcke« nennt (Abb. 140).

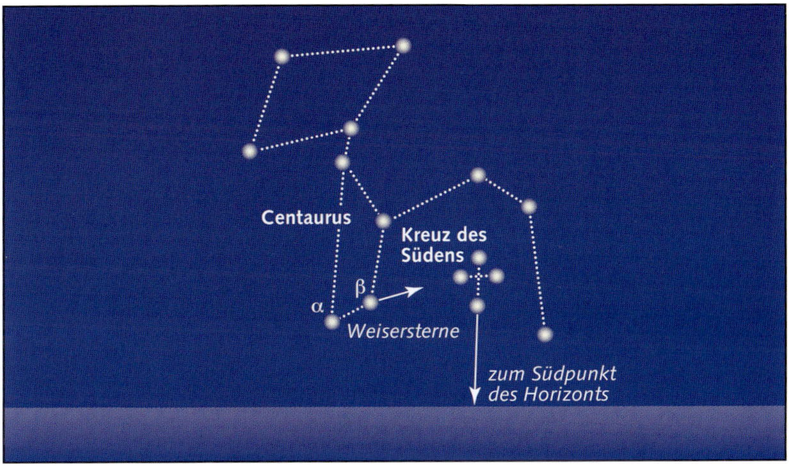

Abb. 143 Das Kreuz des Südens und der Centaurus

Auch das Kreuz des Südens liegt in der Milchstraße, die uns in ihrer lebhaften Gliederung als weiterer Wegweiser dienen kann.

In der Nähe des Kreuzes steht der **Centaurus.** Der zweite Stern β (Beta) dieses Sternbildes ist ein guter Beobachtungsstern. Ein anderer ist der schon erwähnte, der Erde am nächsten stehende Fixstern α (Alpha Centauri), der nur 4,3 Lichtjahre entfernt ist.

Wenn wir den aufrecht stehenden Balken des Kreuzes vom schwächeren Stern aus zum helleren hin über den Südpol, dessen Umgebung sternleer ist, um das Zehnfache verlängern, stoßen wir auf den **Achernar.**

Verbinden wir den Rigel im Orion mit dem hellsten Stern des Kreuzes, so treffen wir etwa in der Mitte den **Canopus im Sternbild Schiffskiel.**

Vom Sirius, mitten zwischen den Centaurus-Sternen hindurchstoßend, kommen wir zum **Antares im Sternbild Skorpion** (Abb. 144), der durch seine rötliche Färbung auffällt.

Zum Skorpion rechneten die Alten auch die beiden hellen Sterne der **Waage** mitten zwischen Spika und Antares. Die beiden Sterne heißen daher auch

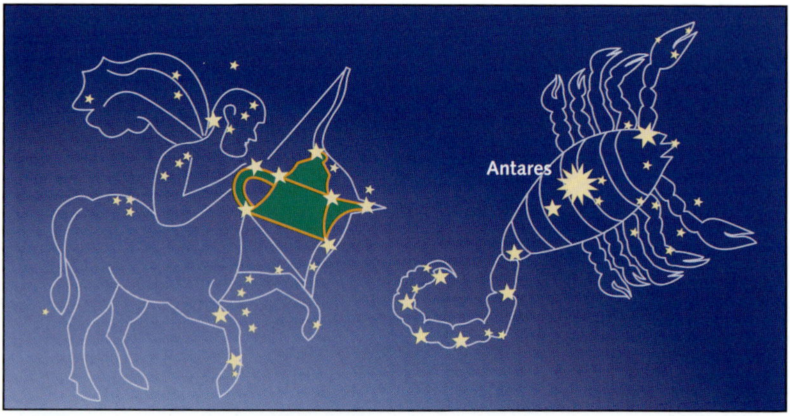

Abb. 144 Schütze und Skorpion in der Deutung der Alten, mit der modernen Deutung eines Teils des Schützen als »Teekanne«

Nördliche Schere (Zubeneschemali) und Südliche Schere (Zubenelgenubi). Wir sehen sie hierzulande im Juni abends im Süden über dem Horizont.

Eine Suchlinie vom Sirius über den Achernar führt zum **Fomalhaut im Sternbild Fische,** einem hellen Beobachtungsstern, den wir leicht finden.

In den Tropen sehen wir auch sehr gut das sogenannte **Tierkreislicht (Zodiakallicht),** das gelegentlich auch bei uns beobachtet werden kann, besonders im Frühjahr abends im Westen oder im Herbst morgens im Osten. Sein feiner heller Schimmer wird auf eine flache Schicht feinverteilter Materie zurückgeführt, die in den Planetenbahnen - über die Erdbahn hinausgehend - gelagert ist und das Licht der Sonne zurückwirft.

Diese Schicht liegt in der Ekliptik. Da die Ekliptik in den Tropen steil über der Kimm hochsteigt, sehen wir das Tierkreislicht wie ein steiles Lichtband, das sich fast wie eine Brücke über den ganzen Himmel spannt.

Die Milchstraße

Das leuchtende Band der Milchstraße zieht sich über den ganzen Südhimmel vom Sirius über das Kreuz des Südens zum Skorpion weiter und schließt sich zu einem großen Ring um die Erde. In diesem Sternenband sieht das fotografische Auge des Forschers, wie es die Abbildungen 145–147 zeigen, Millionen Sterne, wo das menschliche Auge höchstens ein Dutzend wahrnimmt. Zwischen den leuchtenden Sternen machen wir dunkle Stellen aus - ich erinnere an die »Kohlensäcke« im Kreuz des Südens (Abb. 140). Es handelt sich dabei nicht um »Löcher« in der Milchstraße, sondern um eingelagerte Wolken dunklerer Materie, zumeist Staub, die das Licht dahinter liegender Sterne stark abschwächen.

So verraten sich dunkle Massen im Weltraum, von deren Existenz wir bisher nichts ahnten. Sehr sorgfältig hat die Sternforschung der Frage nachgehen müssen, ob der Himmel etwa überall mit derartigem Staub durchsetzt ist, der dann ja das Licht der Sterne wenn nicht gerade ganz verschlucken, aber doch wenigstens abschwächen müsste. Auf Helligkeitsüberlegungen bauten aber doch viele unserer Ergebnisse auf.

Man weiß heute, dass nicht der ganze Raum mit solchem kosmischen Staub erfüllt ist, sondern dass es sich um räumlich begrenzte Wolken handelt, allerdings riesigen Ausmaßes.

Neben diesen Dunkelnebeln finden wir in der Milchstraße aber auch leuchtende Nebel, beispielsweise den Nebel im Sternbild des Orion (Abb. 146). Durch sie ist man auf die Dunkelnebel überhaupt erst aufmerksam geworden. Die leuchtenden Nebel sind genau solche Staubmassen wie diese, aber sie werden durch einen benachbarten Stern zum Aufleuchten gebracht.

Wir sind bei unserem Vorstoß in die Weite des Weltalls schon viel zu bescheiden geworden, zu sehr von der Kleinheit unseres Sonnensystems überzeugt, als dass wir nun wirklich annehmen könnten, dass dieses Milchstraßenband in Wahrheit ein Band um Erde und Sonne sei, dass die Sonne etwa im Mittelpunkt dieses Milchstraßenbandes stehe. Ganz anders müssen wir uns das vorstellen.

Wir selbst stehen mitten in einer großen Ansammlung von Sternen, leuchtenden Sonnen wie unsere Sonne, einer Sternwolke, zu der alle uns bisher bekann-

Abb. 145 Helle Nebel in den Plejaden, verursacht durch interstellaren Staub, der im reflektierten Licht der hellen Sterne leuchtet (Foto: Hale Observatorium)

Abb. 146 Der Orionnebel ist Geburtsstätte von Sternen und Sternhaufen. (Foto: Hubble Space Telescope / NASA)

Abb. 147 Das Zentrum der Milchstraße im Sternbild des Schützen (Foto: Bernd Koch)

ten Sterne gehören. Aber wir stehen nicht im Mittelpunkt dieser Sternwolke, sind nicht der Mittelpunkt, sondern eine von den vielen Millionen Sonnen, die diese Sternwolke Milchstraße bilden, und nicht einmal eine besonders große. Diese Sternwolke ist nicht nach allen Seiten hin gleich dick, denn die Sterne werden, je weiter wir uns von dem Gürtel Milchstraße am Himmel wegwenden, immer spärlicher. Es handelt sich um einen linsenförmigen Körper, in dem sich alles abspielt, was bisher besprochen ist, der in sich wieder stark gegliedert ist, Verdichtungen besitzt, sich vielleicht auch in großen Spiralen ordnet. Und man weiß, dass sich diese große Wolke um ihre Achse dreht.

Sternhaufen

Um das Zentrum der Milchstraße kreisen sehr weit außerhalb kugelförmige Anordnungen von jeweils einigen hunderttausend Sternen, die **Kugelsternhaufen.**

Abb. 148 Kugelförmiger Sternhaufen ω (Omega) im Sternbild Centaurus (Foto: Bernd Koch)

Schon im Fernglas beobachteten wir Sternhaufen. Was aber lässt ein modernes Riesenfernrohr an diesen Stellen des Himmels erkennen, an denen wir mit dem Auge nur eine leichte Aufhellung, einen lichten Fleck wahrnehmen? Abb. 148 zeigt den von Südeuropa aus sichtbaren Kugelsternhaufen **Alpha Centauri**. John Herschel schrieb nach Beobachtungen von Südafrika aus im Jahre 1837: »Dieser schönste aller Kugelhaufen füllt mein $18^3/_4$-zölliges Teleskop schon mit seinem dichtesten Teil völlig mit tausenden von Sternen aus.« Dieser Sternhaufen zählt mehr als 100 000 Sterne und ist rund 18 000 Lichtjahre entfernt. Im Milchstraßensystem sind etwa 120 derartiger Kugelsternhaufen bekannt.

Doppelsterne

Wir sprachen bereits von Doppelsternen. Im Fernglas erscheinen uns **Mizar und Alkor (Deichselstern und Reiterlein)** als solche. Gehören sie zusammen oder stehen sie nur für unsere Blickrichtung hintereinander?
Der Astronom hat herausgefunden, dass sie nicht zusammengehören, Alkor steht viel weiter ab von uns als Mizar. Man spricht in diesem Falle von *optischen* oder *scheinbaren* Doppelsternen.
Im Teleskop aber sehen wir an der Stelle des Mizars eine ganze Reihe kleinerer Sterne, und Mizar selbst entpuppt sich wieder als Doppelstern (Abb. 149). Der Abstand dieser beiden Sterne beträgt $^1/_{120}$ Vollmondbreite; nur in großen Fernrohren können sie getrennt werden. Hier handelt es sich um einen *wirklichen* Doppelstern, das heißt ein System zweier sich umkreisender Sonnen.
Die Keplerschen Gesetze (s. S. 71) gelten für diese fernen Welten ebenso wie für unser Sonnensystem – die kühne rechnerische Anwendung dieser Gesetze führte denn auch zu weittragenden Entdeckungen.
Schon Bessel hatte herausgefunden, dass der Sirius nicht feststeht, sondern merkwürdige, winzige Wellenbewegungen ausführt, die erst in 1500 Jahren auf einen Monddurchmesser angewachsen sein würden. Man vermutete, dass für diese »Störungen« in der Siriuslage ein Begleiter verantwortlich sein könnte. Und ein Mathematiker berechnete, wie ein derartiger Begleiter aus-

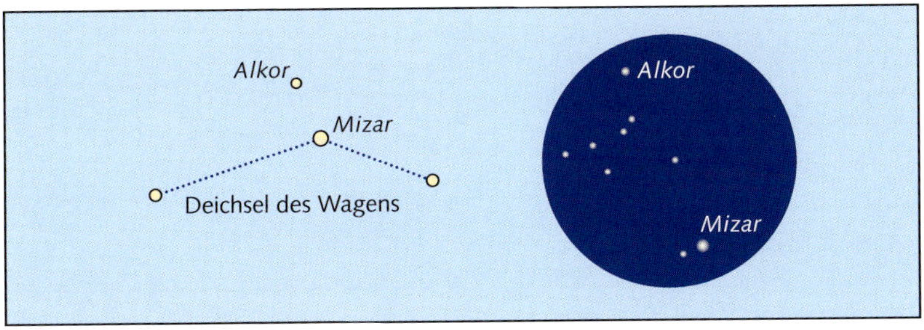

Abb. 149 Mizar und Alkor im Großen Wagen

sehen müsste (Größe, Bahn und so weiter). Den durch diese Rechnungen vorausgesagten Trabanten des Sirius hat man dann im Fernrohr gefunden, seine Bahn war die vorausberechnete, seine Größe die erwartete. Ein Triumph menschlichen Geistes, ähnlich dem der rechnerischen Voraussage der Existenz eines weiteren Planeten, der Entdeckung des Neptuns. Dieser **Sirius-Begleiter** ist ungefähr so weit vom Sirius entfernt wie der Uranus von der Sonne, hat die Größenklasse 9, ist also für moderne Fernrohre ohne weiteres sichtbar (es stört nur die überstrahlende Helligkeit des Sirius). Der Begleiter ist von sehr großer Masse, seine Umlaufzeit beträgt 50 Jahre.

Man kennt heute schon mehr als 20000 solcher Doppelsterne. Viele stehen so dicht zusammen, dass wir sie auch mit den größten Fernrohren nicht mehr trennen können. Nur die Untersuchung ihres Spektrums hilft da weiter. Nach dem Doppler-Prinzip können wir an den Verschiebungen der Spektrallinien erkennen, ob ein Stern sich auf uns zubewegt oder sich von uns entfernt. Die Spektrallinien müssen sich regelmäßig nach verschiedenen Seiten verschieben, je nachdem, ob der Begleiter sich in 1 oder 3 in Abb. 150 befindet, dazwischen aber normal liegen, wenn er sich durch 2 und 4 bewegt.

Ein solcher **spektroskopischer Doppelstern** ist für sich wieder der Alkor, wie auch der Mizar und sein teleskopischer Doppelstern, sodass wir an dieser Stelle also eigentlich ein sechsfaches Sternsystem sehen.

Manche Forscher meinen, dass überhaupt der Doppelstern die Regel ist, dass Einzelsterne zu den Seltenheiten gehören.

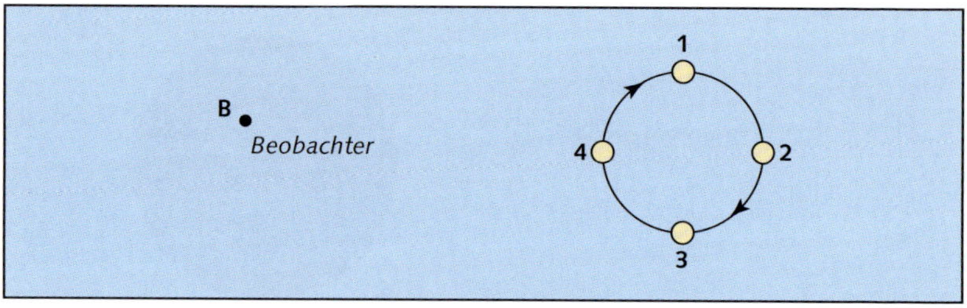

Abb. 150 Umlaufbewegung eines spektroskopischen Doppelsterns

Man beobachtete auch Fälle, in denen nicht nur zwei, sondern drei oder sogar noch mehr Sterne zusammengehören; wie zum Beispiel der **Castor in den Zwillingen** in Wirklichkeit aus drei Sternen besteht - übrigens von verschiedener Farbe -, von denen jeder wieder ein Doppelstern ist.

Sternfinsternis

Ein seltenes Schauspiel tritt ein, wenn von Zeit zu Zeit ein Stern vor den anderen tritt und ihn für unsere Augen verdunkelt, wenn es also zu einer Sternfinsternis kommt. Am Beispiel des **Algol** ist diese Erscheinung der Welt schon lange bekannt. In gewissen Zeitabständen verdunkelt sich der Stern für Stunden, bis er dann wieder zweieinhalb Tage in unheimlicher Regelmäßigkeit leuchtet.

Wir finden den Algol im Sternbild des Perseus (Abb. 36); er ist ein Stern 2. Größe. Wenn man die genauen Zeiten kennt, kann man die sogenannten **Algolminima** also beobachten. In den Zeiten der Stockung sinkt die Helligkeit innerhalb von viereinhalb Stunden auf mindestens 4, jene des Reiterleins Alkor, ab; gleich darauf steigt sie in weiteren viereinhalb Stunden wieder auf die ursprüngliche Helligkeit, die des Nordsterns, an. Dieser regelmäßige Lichtwechsel tritt alle 2 Tage 20 Stunden 49 Minuten ein. Er wird wie folgt verursacht:

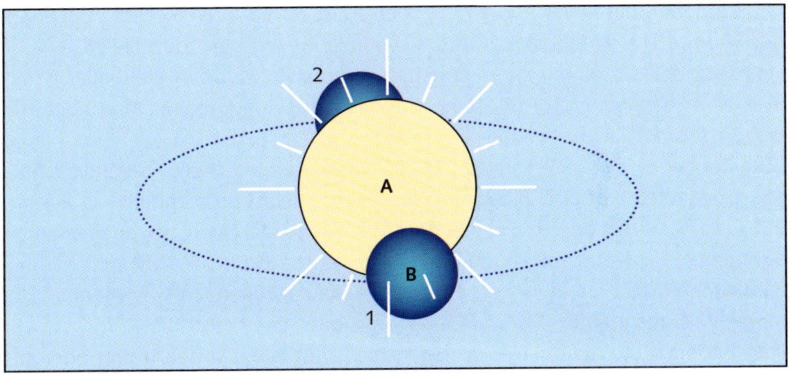

Abb. 151 Modell des Doppelsternsystems Algol

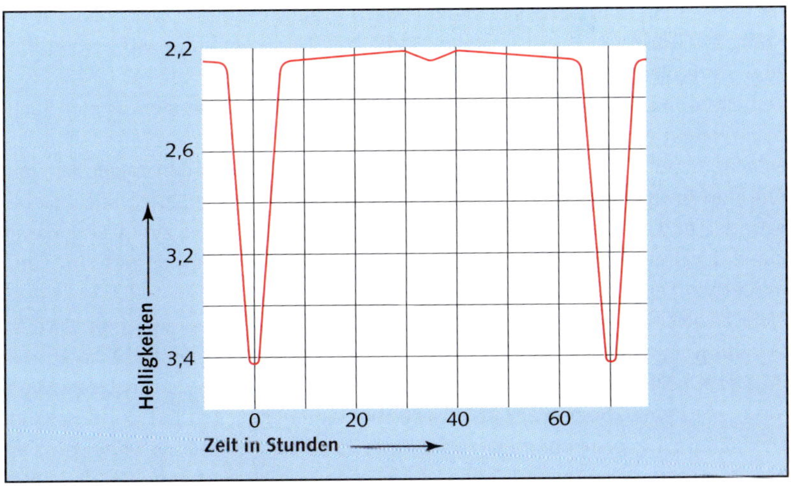

Abb. 152 Lichtkurve des Algol

Ein Sternpaar, ein heller und ein dunkler Stern, kreist in enger Bahn umeinander (Abb. 151). In Stellung 1 tritt der dunkle Stern B vor den hellen A, in 2 verschwindet der dunkle Stern B hinter dem hellen A. Da A viel heller ist als B, wird es besonders in Fall 1 eine starke Verdunklung geben. Aber auch der Fall 2 ist in der Lichtkurve des Algol (Abb. 152) zu erkennen.
Man spricht in diesen Fällen von **Bedeckungsveränderlichen.** »Veränderlicher« Stern bedeutet hier also nicht, dass die Sterne selbst sich ändern. Es kommt vor, dass sich die beiden Partner fast berühren oder wohl sogar ineinander übergehen. So kennt man zwei Doppelsterne von 6 und 4 Millionen Kilometer Durchmesser, die zwischen ihren Oberflächen nur noch 6 Millionen Kilometer Abstand haben. Sie stehen so eng, dass das Fernrohr sie nicht mehr trennen kann.

Veränderliche Sterne

Seit langer Zeit kennt man den Stern **Mira im Sternbild des Walfisches,** der seinen Namen - er bedeutet Wunderstern - darum erhielt, weil man ihn als Stern 2. Größe um 1600 an einer Stelle des Himmels entdeckte, wo früher kein Stern dieser Helligkeit beobachtet wurde.
Das Sternbild Walfisch (Abb. 153) findet man durch Verlängerung der Suchlinie Andromeda - Dreieck - Widder.
Der Stern verschwand schon nach zwei Monaten, aber in den folgenden Jahren kam er in regelmäßiger Folge alle elf Monate wieder. Lange blieb dieses Wunder das einzige bekannte, bis man das Verhalten des Algol und damit einen zweiten Veränderlichen Stern entdeckte. Später fand man mit den modernen Fernrohren eine Fülle weiterer Veränderlicher.
Mira zeigt einen sehr großen Lichtwechsel (Abb. 154). Zwei Wochen etwa ist der Stern von der Größe 2, dann sinkt die Helligkeit auf Größe 9 herab, sodass er für das bloße Auge unsichtbar wird. Nach elf Monaten tritt das Maximum wieder ein. Seine Periode ist also sehr lang, verglichen mit der des Algol.
Die nähere Untersuchung der Mira und ihr ähnlicher Sterne zeigt, dass es keine Bedeckungsveränderlichen sind wie der Algol. Es handelt sich immer um rote Riesensterne, die in einem bestimmten Lebensabschnitt anfangen,

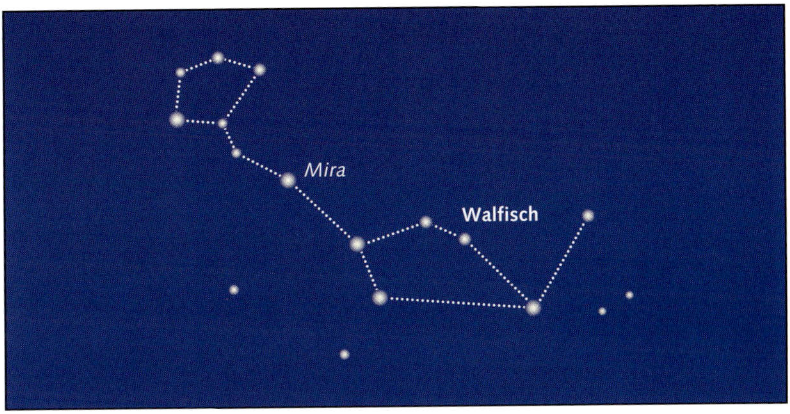

Abb. 153 Das Sternbild Walfisch mit der Mira

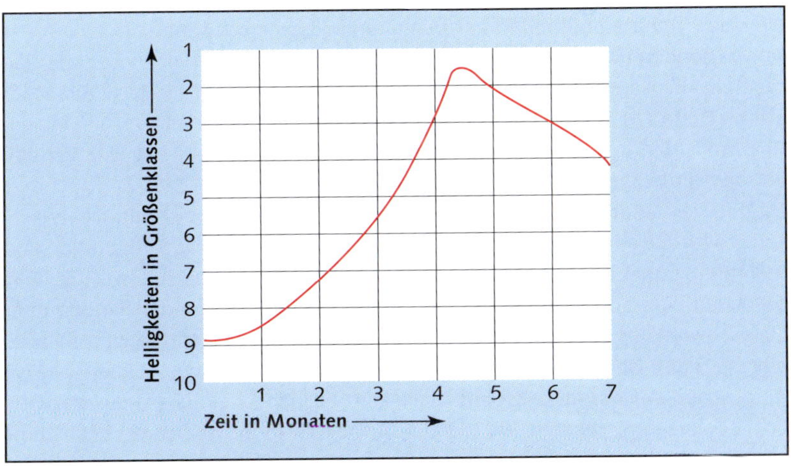

Abb. 154 Lichtkurve der Mira im Zeitraum von sieben Monaten

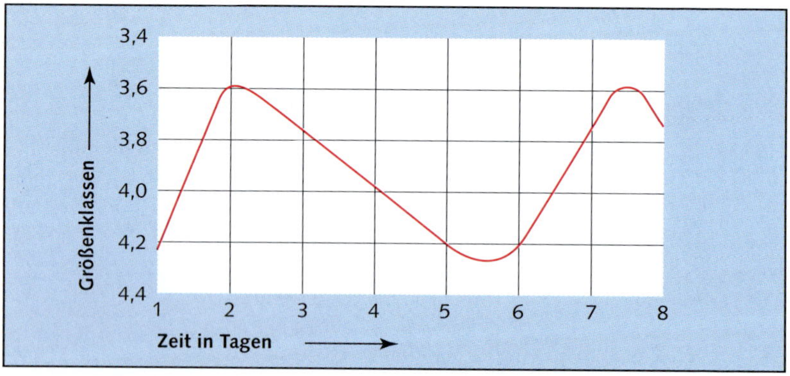

Abb. 155 Lichtkurve des Sterns Delta im Cepheus

sich periodisch auszudehnen und wieder zusammenzuziehen. Mit der sich verändernden Größe der strahlenden Lichtkugeloberfläche nimmt die Helligkeit zu bzw. ab. Gewaltige Veränderungen gehen vor, wenn die Lichtstärke alle paar Monate um mehr als sieben Größenklassen schwankt!

Von besonderer Wichtigkeit ist eine Gruppe von Veränderlichen Sternen, die man als »Blinksterne« bezeichnen möchte. Abb. 155 zeigt die Lichtkurve des Sterns **Delta (δ)** im Cepheus. Der Lichtwechsel erfolgt in sehr regelmäßigem Rhythmus, beträgt etwas weniger als eine Größenklasse und hat eine Periode von nur fünf Tagen.

Es gibt viele andere Sterne dieser Art mit ähnlichem periodischem Lichtwechsel großer Regelmäßigkeit, deren Perioden zwischen einigen Stunden und mehreren Tagen liegen. Man nennt sie **Cepheiden.** Sie sind uns wichtig, weil bei ihnen eine enge Beziehung besteht zwischen der Länge der Periode ihrer Lichtschwankung und ihrer absoluten Helligkeit. Ist die Periode zum Beispiel ein Tag, dann ist der Stern 110-mal heller als die Sonne usw.

Vergleichen wir nun die absolute Helligkeit mit der scheinbaren, die wir wirklich beobachten, können wir daraus auf die wahre Entfernung des Sterns schließen. Wir werden sehen, wie wichtig dieses Gesetz und das Auffinden derartiger Cepheiden für die Festlegung der Entfernung ferner Spiralnebel ist.

»Neue« Sterne

Von Zeit zu Zeit kommt es vor, dass am Himmel plötzlich ein Stern aufleuchtet, der vorher nicht dagewesen zu sein scheint. Nach Untersuchungen älterer Fotoplatten stellt sich jedoch immer heraus, dass dieser neue Stern, lat. *Nova,* in Wirklichkeit als völlig unscheinbarer Stern schon immer dagewesen ist und nur ganz urplötzlich heller wurde. Seine Helligkeit kann innerhalb weniger Tage um viele Größenklassen anwachsen, um dann im Laufe von Monaten langsam wieder zur ursprünglichen Helligkeit zurückzufallen.

Man weiß heute, dass es sich bei dem Vorgängerstern eines »neuen« Sterns (Nova) nicht um einen Einzelstern, sondern um ein Doppelsternsystem handelt. Die eine Komponente ist ein roter Riesenstern, die andere ein weißer Zwergstern, die sich beide eng umkreisen. Der kleinere saugt Wasserstoff von dem größeren ab, der zunächst auf einer flachen Scheibe um den Zwergstern kreist und sich schließlich auf einer Stelle seiner Oberfläche sammelt. Hat sich genügend Wasserstoff angesammelt und aufgeheizt, explodiert diese Gaswolke wie eine Wasserstoffbombe. Dabei wird so viel Energie freigesetzt, wie die Sonne in 10 000 Jahren ausstrahlt.

Abb. 156 zeigt die Lichtkurve einer Nova, die im August 1975 aufleuchtete und viel Aufsehen erregte. Sie wurde unter dem Namen **Nova Cygni 1975** bekannt, weil sie als »neuer« Stern im Sternbild Schwan (Cygnus) erschien.

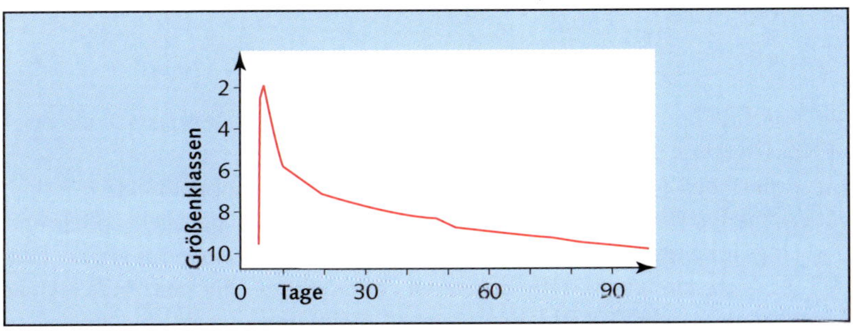

Abb. 156 Lichtkurve der Nova Cygni 1975 im Sternbild Schwan

Abb. 157 Der Crabnebel im Sternbild Stier ist der Überrest einer Supernova-Explosion. (Foto: NOAO)

Sie erreichte innerhalb von nur drei Tagen die zweite Größenklasse – die hellste Nova seit nun 29 Jahren.

Um einen noch gewaltigeren Vorgang handelt es sich bei dem extrem selten vorkommenden Ereignis einer **Supernova,** die ebenfalls plötzlich aufleuchtet und langsam wieder verlöscht. **Bei dem Vorgängerstern einer Supernova handelt es sich um einen sehr schweren, alten Stern, der am Ende seines Lebensweges steht.** Erlischt der atomare Brennofen in seinem Inneren, so stürzt die äußere Sternatmosphäre mit aller Gewalt auf den Kern des Sterns.

Es kommt zu einer schockartigen Explosion, in der ungeheure Materie- und Energiemengen freigesetzt werden, etwa 100 000 Mal so viel, wie unsere Sonne ausstrahlt. Zurück bleibt ein dicht gepackter Neutronenstern oder sogar ein Schwarzes Loch in der Größe der Erde. Supernovae sind so hell, dass sie noch in fernen Galaxien beobachtet und so zur Entfernungsbestimmung benutzt werden können.
Der bekannteste Supernova-Überrest in unserer Milchstraße ist der **Crabnebel (Krebsnebel),** den chinesische Astronomen im Jahre 1054 beobachteten und aufzeichneten (Abb. 157). Würde dieses Schicksal einen nahe gelegenen Stern ereilen, so wäre das auch unser Ende: Die Schockwelle der Supernova würde durch unser Sonnensystem fegen und alles Gas und Staub – auch unsere Erdatmosphäre – mit sich reißen.

Spiralnebel

Über den ganzen Himmel verstreut finden wir außer den einzelnen Sternen lichtschwache Gebilde, die im Gegensatz zu den Sternen bemerkenswerte Durchmesser haben.
Man unterscheidet Sternhaufen und Nebelflecke, je nachdem, ob es sich um eine Ansammlung von Einzelsternen handelt oder ein weit ausgedehntes gasartiges Gebilde, das kein kontinuierliches Spektrum liefert wie ein Stern, sondern Linienspektren, wie sie nur bei leuchtenden Gasen auftreten.
Einige jener schwachen Aufhellungen am Himmel musterten wir bereits mit dem Glas. Wir sprachen von den Kugelsternhaufen, die aus einzelnen Sonnen bestehen, sahen den Orionnebel, weit ausgedehnte Gasmassen, die von einem benachbarten Stern zum Leuchten gebracht werden, chaotisch bewegte Massen, zu denen andere Nebel wieder in merkwürdigem Gegensatz stehen, die Ringnebel, die man zu den planetarischen Nebeln rechnet und die auch zu unserem Milchstraßensystem gehören. Wo beim Orionnebel wogende Bewegung, ist hier sinnvolle Ordnung. Wir finden solche Ringe, Ovale, Scheibchen an verschiedenen Stellen des Himmels.
Es handelt sich bei ihnen um Sterne, die von ausgedehnten leuchtenden Gasmassen umgeben sind. Der ganze Nebel scheint um das Zentralgestirn zu

kreisen. Die Ringnebel sind im Durchschnitt 3000 bis 4000 Lichtjahre entfernt, ihre Nebelhüllen haben oft über ein Lichtjahr Durchmesser. Die Spektraluntersuchung ihres Lichtes zeigt, dass diese Hülle meist aus Wasserstoff, Stickstoff oder Sauerstoff besteht. Das Zentralgestirn ist als äußerst heiß anzusehen, da es diese Gasmassen zum Leuchten bringen kann.

Neben den planetarischen Nebeln sieht der Astronom aber noch Gebilde ganz anderer Art, die Spiralnebel, die man als Sternansammlungen in wahrhaft unendlichen Entfernungen erkannt hat. **Der berühmteste Vertreter dieser Spiralnebel, der Andromedanebel, ist mit freiem Auge als lichtschwaches Nebelwölkchen zu erkennen** (Abb. 158).

Wir wissen von diesem Spiralnebel, dass er über zwei Millionen Lichtjahre von uns entfernt ist. Diese Erkenntnis gelang, als man ihn in Einzelsterne auflösen konnte, unter denen man denn auch bald darauf viele Veränderliche Sterne entdeckte, auch solche vom Typ der Cepheiden. Mit ihrer Hilfe konnte man die Entfernung bestimmen.

Denselben Abstand hat ein **Nebel im Sternbild Dreieck** (der Triangelnebel), den wir ebenso weit von der Fünferreihe abstehend finden wie den Andromedanebel, nur nach der anderen Seite hin.

Um diese Entfernungen vorstellbar zu machen, reicht auch der auf Seite 151 angewandte Maßstab nicht aus. Lassen wir noch einmal alles um das Tausendfache schrumpfen, dann kann in diesem »stellaren« Maßstab 1:1000 Billionen unser ganzes Planetensystem in einem Wassertropfen untergebracht werden. **Legten wir die Sonne nach Berlin, dann müsste der Andromedanebel in Australien angeordnet werden!** Und der Raum, den er einnähme, müsste größer sein als ganz Deutschland.

Gewaltig ist der Durchmesser dieses Wirbelrades sprühender Sternfunken – er beträgt mindestens 150 000 Lichtjahre. Seine Dicke ist mit 15 000 Lichtjahren sehr viel geringer. Eine flache Welteninsel für sich, durch unendliche Leeren von uns getrennt. Wie wir den Abstand der Fixsterne in unserem Milchstraßensystem als einsam empfanden, so einsam stehen diese Welteninseln – wie auch unser Milchstraßensystem eine ist – in der Weite des Raumes.

Andere Welteninseln – Humboldt prägte diesen Begriff – zeigen die Abbildungen 159 und 160. Der eine Nebel ist von der Kante gesehen, der andere genau von vorn, während der Andromedanebel (Abb. 158) schräg vor uns

Abb. 158 Der Andromedanebel – nach heutigem Wissensstand Ebenbild unserer eigenen Milchstraße (Foto: Bernd Koch)

liegt. Diese Bilder bestätigen unsere Vorstellung von einer Spirale, die in der Mitte einen dickeren Kern hat – wohl eine gewaltige Ansammlung von Einzelsonnen, die durch ihre Anziehungskraft die äußeren Teile der Spirale beherrschen. Die abgeplattete Form legt den Verdacht nahe, dass es sich um stark rotierende Gebilde handelt, die die Massen von sich abschleudern.

Was für die Milchstraßenwelt nur vermutet werden konnte, ist für den Andromedanebel erwiesen: Er rotiert. In 250 Millionen Jahren hat er eine Umdre-

Abb. 159 Blick auf die Kante der Spiralgalaxie NGC 891 im Sternbild Andromeda (Foto: Bernd Koch)

Abb. 160 Spiralnebel M51 in den Jagdhunden, rund 8 Millionen Lichtjahre entfernt (Foto: NOAO)

hung vollendet. Die Verschiebungen der Spektrallinien, die diese Theorie fordert, können nachgewiesen werden.
Die Spektraluntersuchung zeigt ferner, dass diese fernen Welten aus denselben Grundstoffen aufgebaut sind, die unsere Welt enthält.
Am Rande des Andromedanebels findet man übrigens auch Kugelsternhaufen, so wie sie unserem Milchstraßensystem vorgelagert sind.
Auch Novae hat man in der Andromedaspirale entdeckt, die zu Abstandsbestimmungen herangezogen worden sind.
Wenn nun der Andromedanebel eine Welt wie die unsere ist, bestehend aus Milliarden einzelner Sonnen, wie steht es dann mit weiteren solchen Welten? Wenn wir weitertasten, stoßen wir auf immer neue Welteninseln. Das Weltraumteleskop Hubble macht heute schon Millionen dieser Sternsysteme sichtbar. Ist das das Letzte? Werden noch größere Rohre noch weitere Fernen erschließen? **Wie groß ist die Welt? Gibt es ein Ende?**
Es zeigt sich, dass diese Nebel in Gruppen zusammenstehen. Schlagen wir um unseren Raumstandpunkt eine Kugel mit einem Halbmesser von fünf Millionen Lichtjahren, dann finden wir in diesem Riesenraum nur etwa 16 Spiralnebel. Unsere Milchstraße bildet mit dem Andromeda- und Triangelnebel und einigen weiteren eine Sternsystem-Gruppe; aber außer dieser, sagen wir »lokalen« Gruppe finden wir nun weitere Welteninseln, einzeln oder in Gruppen, über den ganzen Himmel verteilt. So liegt eine Gruppe von Nebeln in der Entfernung von 50 Millionen Lichtjahren im Sternbild der Jungfrau, die etwa 2500 Sternsysteme umfasst. Immer schwieriger werden die Abstandsbestimmungen, aber wir fassen heute weit über eine Milliarde Lichtjahre in den Raum hinaus. Man schätzt, dass es Milliarden solcher Weltensysteme gibt, jedes wieder bestehend aus Milliarden Einzelsonnen.
Die spektrale Untersuchung des Lichtes eines Nebels zeigt die uns schon bekannten Rot- und Violettverschiebungen der Spektrallinien. Freilich sind diese Beobachtungen sehr mühsam; Aufnahmen derartig schwacher Sternspektren erfordern Belichtungszeiten von einigen Stunden. Aus diesen Spektralaufnahmen schließt man, dass die Systeme sich von uns fortbewegen. Während die Geschwindigkeiten, mit denen die Teile einer solchen Spirale vom Kern fortgeschleudert werden, in unserem Milchstraßensystem noch klein sind, treten bei den Spiralnebeln hohe Geschwindigkeiten auf. Man ersieht aus den Linien-

verschiebungen – wenn diese nicht noch andere, für uns noch unbekannte Ursachen haben –, dass alle Spiralnebel sich von uns fortbewegen und anscheinend mit umso höherer Geschwindigkeit, je weiter sie von uns entfernt stehen. Wenn das stimmt, leben wir in einer auseinander fliegenden Welt. **Das gesamte uns bisher bekannte Weltall »explodiert«, fliegt ins Nichts auseinander.** Dabei treten Geschwindigkeiten von bis zu $^1/_3$ der Lichtgeschwindigkeit auf, womit wir an die Grenze der Erfahrungsmöglichkeit überhaupt gelangen. Der bohrende Geist des Forschers hat diese Tatsache zu deuten versucht, aber die Vorstellungskraft verlässt uns. Stimmte diese Vorstellung der auseinander fliegenden Welt, müsste doch früher einmal die ganze Masse der Welt in einem Punkt vereinigt gewesen sein. Wann war das? Wenn die Geschwindigkeiten der Explosion dieselben geblieben sind, würde man das Alter der Welt berechnen können. Es kommen 13,7 Milliarden Jahre heraus, ein Alter, das die Erde mit 4,5 Milliarden Jahren recht jung erscheinen lässt.
Ist ferner der Raum so unendlich, dass diese Explosionsbewegung sich fortsetzen kann in alle Ewigkeit? Oder ist der Raum endlich? Kann er nicht in dem Sinne »gekrümmt« sein wie die Kugeloberfläche, auf der man immer in derselben Richtung weitergehen kann, unendlich lange, ohne dass die Fläche selbst unendlich wäre? Freilich versagt bei dieser Annahme eines »gekrümmten« Raumes unser Vorstellungsvermögen völlig.
Und wenn einmal die Masse der Welt in einem Punkt vereinigt war, war sie damals ebenso groß wie jetzt? Gibt es eine endliche Masse der Welt für alle Zeiten? Man berechnet die Masse der uns bekannten Welt zu 10^{56} Gramm (das wäre eine Zahl mit 56 Nullen). Oder wächst die Masse unserer Welt? Dann müssten immer neue Sterne entstehen. Sogenannte »neue« Sterne lernten wir kennen, doch handelt es sich dabei um vorhandene schwache Sterne, die plötzlich aufleuchten, um dann wieder zu verlöschen. Aber die Staubscheiben um Sterne, die das Weltraumteleskop entdeckt hat? Wurde bei ihnen der Vorgang der Entstehung eines neuen Sterns beobachtet?
Wird uns die Erforschung jener rätselhaften kosmischen Strahlung weiterbringen, die uns aus den Tiefen des Weltalls erreicht, nicht von der Sonne, auch nicht von den Sternen der Milchstraße, sondern aus den ungeheuren Fernen der Welteninselsysteme, die so sehr viel durchdringender ist als alle uns bisher auf der Erde bekannten Strahlen?

Wir sehen: Je weiter wir vordringen, desto größer wird die Zahl der offenen Fragen, die der Forschung noch gestellt sind, desto rätselhafter wird unser Weltbild. Der Schwindel packt uns ob der Größe und Gewalt des schon erreichten Bildes, die Vorstellungskraft verlässt uns, demütig und klein stehen wir vor der Macht der Kräfte, die diese Welten regieren, ein klein wenig aber auch stolz darauf, dass es menschlichem Scharfsinn gelang, dieses Bild der Welt zu erfassen, das vor uns erstand.

Bezugsquellen für astronomische Artikel*

Sternführer, Sternkarten, Himmelsjahrbücher: www.delius-klasing.de, www.kosmos.de
Astromedien, Bücher, Sternkarten, Poster, Diaserien: www.astro-shop.de
Teleskope, Zubehör, Astromedien: www.vehrenberg.de, www.baader-planetarium.de, www.meade.de

* ohne Anspruch auf Vollständigkeit

Tafeln

Sonne, Erde, Mond

Sonne, Erde, Mond

Himmelskörper	Durchmesser in Kilometern	Durchmesser bezogen auf Erddurchmesser = 1	Volumen bezogen auf Erdvolumen = 1	Masse bezogen auf Erdmasse = 1	Dauer einer Umdrehung in Tagen
Sonne	1 392 700	109	1 303 000	332 946	25,3
Erde	12 757	1	1	1	1,0
Mond	3 476	1/4	1/50	1/81	27,3

Entfernung Erde – Sonne
kleinste Entfernung (Anfang Januar) .... 147 100 000 km
größte Entfernung (Anfang Juli) .... 152 100 000 km
mittlere Entfernung .... 149 600 000 km

Entfernung Erde – Mond
kleinste Entfernung .... 356 410 km
größte Entfernung .... 406 740 km
mittlere Entfernung .... 384 400 km

Griechisches Alphabet

Α, α	Alpha	Η, η	Eta	Ν, ν	Ny	Τ, τ	Tau
Β, β	Beta	Θ, ϑ	Theta	Ξ, ξ	Xi	Υ, υ	Ypsilon
Γ, γ	Gamma	Ι, ι	Iota	Ο, ο	Omikron	Φ, ϕ	Phi
Δ, δ	Delta	Κ, κ	Kappa	Π, π	Pi	Χ, χ	Chi
Ε, ε	Epsilon	Λ, λ	Lambda	Ρ, ρ	Rho	Ψ, ψ	Psi
Ζ, ζ	Zeta	Μ, μ	My	Σ, σ	Sigma	Ω, ω	Omega

Die Planeten

Name	Mittlere Entfernung von der Sonne in Millionen Kilometern	Mittlere Entfernung bezogen auf Erdentfernung = 1	Umlaufzeit um die Sonne a/d = Jahre/Tage	Äquatordurchmesser in Kilometern	Äquatordurchmesser bezogen auf Erddurchmesser = 1	Masse bezogen auf Erdmasse	Anzahl der Monde
Merkur	58	0,4	88^{d}	4 878	0,38	0,06	0
Venus	108	0,7	224^{d}	12 104	0,95	0,8	0
Erde	149,6	1	$365{,}25^{d}$	12 756	1	1	1
Mars	228	1,5	$1^{a}322^{d}$	6 795	0,53	0,1	2
Jupiter*	778	5,2	$11^{a}315^{d}$	142 985	11,21	318	60
Saturn*	1 429	9,5	$29^{a}167^{d}$	120 537	9,45	95	32
Uranus*	2 871	19,2	$84^{a}4^{d}$	51 119	4,01	15	21
Neptun*	4 497	30,0	$164^{a}291^{d}$	50 538	3,96	17	8
Pluto	5 908	39,5	248^{a}	2 320	0,18	0,0025	1

* Alle Gasplaneten weisen ein Ringsystem auf, das bei Saturn am ausgeprägtesten ist.

Die von uns aus gesehen hellsten Fixsterne

Name	Sternbild	Scheinbare Helligkeit	Leuchtkraft (Sonne = 1)	Entfernung (Lichtjahre)
Sirius	Großer Hund	– 1,5	22	9
Canopus	Schiffskiel	– 0,7	13 500	313
Arktur	Bärenhüter	– 0,04	110	37
Toliman	Centaurus	– 0,02	1,5	4,3
Wega	Leier	+ 0,03	49	25
Capella	Fuhrmann	+ 0,08	129	42
Acrux	Kreuz des Südens	+ 0,8	3 960	321
Rigel	Orion	+ 0,1	40 000	770
Procyon	Kleiner Hund	+ 0,4	7	11
Achernar	Südlicher Fluss	+ 0,5	1 068	143
Beteigeuze	Orion	+ 0,5	9 400	427
Agena	Centaurus	+ 0,6	12 300	525
Atair	Adler	+ 0,8	11	17
Aldebaran	Stier	+ 0,9	149	65
Spika	Jungfrau	+ 1,0	2 180	262
Antares	Skorpion	+ 1,0	10 700	600
Pollux	Zwillinge	+ 1,1	31	34
Fomalhaut	Südlicher Fisch	+ 1,2	17	25
Mimosa	Kreuz des Südens	+ 1,3	3 070	353
Deneb	Schwan	+ 1,3	26 000	3 200
Regulus	Löwe	+ 1,4	134	78
Polarstern	Kleiner Bär	+ 2,0	2 370	431

Stichwortverzeichnis